Estudos Temáticos de Direito do Trabalho

CÓPIA NÃO AUTORIZADA É CRIME

ABDR

ASSOCIAÇÃO BRASILEIRA DE DIREITOS REPROGRÁFICOS

RESPEITE O DIREITO AUTORAL

FÁBIO GOULART VILLELA

Estudos Temáticos de Direito do Trabalho

para a Magistratura e Ministério Público

Fechamento desta edição: 20 de fevereiro de 2009

ELSEVIER

CAMPUS
JURÍDICO

Editoração Eletrônica
SBNIGRI Artes e Textos Ltda.

Copidesque
Livia Maria Giorgio

Revisão Gráfica
Emidia Maria de Brito

Projeto Gráfico
Elsevier Editora Ltda.
A Qualidade da Informação
Rua Sete de Setembro, 111 — 16º andar
20050-006 — Rio de Janeiro — RJ — Brasil
Telefone: (21) 3970-9300 Fax (21) 2507-1991
E-mail: info@elsevier.com.br
Escritório São Paulo
Rua Quintana, 753 – 8º andar
04569-011 – Brooklin – São Paulo – SP
Telefone: (11) 5105-8555

ISBN: 978-85-352-3275-2

Central de Atendimento
Tel: 0800-265340
Rua Sete de Setembro, 111, 16º andar – Centro – Rio de Janeiro
E-mail: info@elsevier.com.br
Site: www.elsevier.com.br

CIP-Brasil. Catalogação-na-fonte.
Sindicato Nacional dos Editores de Livros, RJ

V78d Villela, Fábio Goulart
Estudos temáticos de Direito do Trabalho para a Magistratura e Ministério Público / Fábio Goulart Villela. – Rio de Janeiro: Elsevier, 2009.

Inclui bibliografia
ISBN 978-85-352-3275-2

1. Direito do trabalho – Brasil – Problemas, questões, exercícios.
2. Serviço público – Brasil – Concurso. I. Título.

09-0576. CDU: 342.2(81)

AGRADECIMENTO

Agradeço sempre a Deus pela oportunidade
do freqüente aprendizado e das incessantes trocas
de experiência durante o exercício das minhas
atividades profissionais.

NOTA DO AUTOR

A presente obra busca oferecer aos candidatos aos concursos públicos da Magistratura do Trabalho e do Ministério Público do Trabalho uma fonte de estudo sobre importantes temas que constam no programa dos referidos certames, acrescida com a indicação de questões subjetivas de provas já realizadas.

Esclareça-se que procuramos tecer considerações acerca de todos os aspectos que julgamos importantes à compreensão da matéria, em cada abordagem temática.

A utilização de narrativa simples e direta, com citações da doutrina e da jurisprudência, teve por escopo enriquecer a exposição de cada um dos assuntos aqui tratados.

O livro aborda os seguintes temas: principiologia do Direito do Trabalho, natureza jurídica da relação de emprego, grupo econômico, sucessão de empregadores, alteração do contrato de trabalho, equiparação salarial, terceirização, discriminação nas relações de trabalho, redução à condição análoga à de escravo, revista íntima, responsabilidade civil do empregador no acidente de trabalho, acordos e convenções coletivos de trabalho, receitas sindicais, responsabilidade civil extracontratual do Estado, formas de atuação do Ministério Público do Trabalho e inquérito civil.

Ainda que reconheçamos a impossibilidade de esgotar todos os diversos aspectos a serem abordados sobre esses instigantes temas, torcemos para que possamos lograr êxito na tentativa de contribuir para a eficácia do estudo desses candidatos, em relação aos quais teremos a honra de, em futuro não muito distante, chamar de colegas.

SUMÁRIO

Capítulo VII

Capítulo VIII

Capítulo IX

Capítulo X

Capítulo XI

Capítulo XII

Capítulo XIII

Capítulo XIV

I PRINCIPIOLOGIA DO DIREITO DO TRABALHO

Este tema foi abordado na prova prática do seguinte concurso público da Magistratura do Trabalho:

Em que medida a principiologia do Direito do Trabalho reflete a concepção de Dworkin, segundo a qual todas as pessoas têm direito a igual consideração e respeito? (Levando os direitos a sério. 2. ed. São Paulo: Martins Fontes, 2007) (Concurso Público C-318 da Magistratura do TRT-8ª Região)

1. Introdução

O estudo de qualquer ciência jurídica deve ser precedido da análise de toda a evolução histórica do ramo do Direito a ser explorado, assim como dos princípios e institutos específicos que lhe outorgam a autonomia em face dos demais gêneros correlatos.

E, como é sabido, a história do Direito do Trabalho se encontra intimamente ligada à própria evolução das formas de exploração do trabalho humano, iniciando-se com a escravidão, passando pela servidão e corporações de ofício, até atingir a relação jurídica de prestação de trabalho pessoal e subordinado vigorante a partir da Revolução Industrial.

A atividade laboral do homem primitivo estava intimamente relacionada ao suprimento de suas necessidades subsistenciais, limitando-se, inicialmente, à caça de animais ferozes e à defesa contra seus inimigos.

Nas guerras entre as tribos primitivas, os vencidos eram mortos ou devorados pelos vencedores. Com o passar dos tempos, esses inimigos derrotados passaram a ser escravizados com a finalidade de prestar serviços em benefício dos vitoriosos.

Os chefes dessas comunidades, assim como os guerreiros mais ferrenhos, acumulavam um número de escravos muitas vezes superior ao necessário para o atendimento de suas reais necessidades, o que acarretou a venda ou locação dessa mão-de-obra escrava.

Na Antigüidade, a escravidão teve seu auge. Nas regiões da Grécia, de Roma e do Egito era a principal forma de exploração do trabalho humano, dedicando-se esses escravos à realização daquelas tarefas mais árduas, as quais não eram consideradas dignificantes ao cidadão livre.

O escravo era considerado mero objeto de direito (*res*), e a utilização de sua força de trabalho era considerada justa e necessária, já que, segundo Aristóteles, o homem, para adquirir cultura, deveria ser rico e ocioso.

Durante o período medieval destacou-se a sociedade feudal, onde o servo, ainda que não fosse considerado escravo, estava intimamente preso à terra e ao senhor feudal, o qual tinha, inclusive, o poder de tributação e de disponibilização da mão-deobra desses trabalhadores. Isso em um período de forte influência política da Igreja Católica (teocentrismo), antes de se estabelecerem os estados centralizados.

Na Idade Moderna surgiram as corporações de ofício, as quais detinham o monopólio da respectiva atividade profissional, com um incipiente processo de produção manufatureira. A supervisão dos trabalhos era conferida aos mestres, que ensinavam o respectivo ofício aos aprendizes e exerciam grande ingerência na vida profissional e até mesmo pessoal destes últimos.

Com advento do Movimento Iluminista (antropocentrismo), em contraposição ao absolutismo então vigente, foi-se estruturando o contexto propício à Revolução Francesa (1789), cujo liberalismo econômico foi utilizado pela classe burguesa como veículo de acesso ao poder político.

Dentro da visão econômica de que o mercado deveria seguir suas próprias leis, sem qualquer intervenção do Estado, o qual se limitaria à função de mantenedor da ordem política e social, iniciou-se a Revolução Industrial, com o advento de máquinas responsáveis pelo crescimento e desenvolvimento do processo produtivo, em progressiva substituição do trabalho humano. A cada momento eram necessários menos trabalhadores para o desempenho das mesmas tarefas.

Da mesma forma que ocorria a sucessiva transformação do processo de exploração do trabalho humano, também se renovava o próprio conceito de empresa como atividade economicamente organizada e agrupadora dos fatores reais da produção (matéria-prima, trabalho e capital).

Partindo de uma economia eminentemente agrária, construída sob os regimes da escravidão e da servidão, com a Revolução Industrial teve início o sistema produtivo capitalista, baseado numa economia de mercado, tendo como ideologia central o liberalismo econômico.

A grande demanda de trabalhadores, aliada à pouca oferta de trabalho, acarretou péssimas condições laborais à classe obreira (reduzidos salários, extensas jornadas de trabalho, redução da idade mínima para trabalhar, entre outras), o que fomentou a luta de classes entre a burguesia e o proletariado.

Em razão do perigo iminente advindo da ideologia socialista que teve seu auge com a Revolução Russa (1917) e das constantes reivindicações da classe trabalhadora, que ameaçavam a paz social, isso tudo aliado à doutrina da justiça social preconizada pela Igreja Católica, notadamente na Encíclica *Rerum Novarum*, do Papa Leão XIII, o Estado assumiu seu papel de interventor na ordem econômica, com vistas a compensar o desequilíbrio econômico entre as classes operárias e empresárias.

Foram elaboradas, nesse período, as primeiras normas jurídicas trabalhistas, com a instituição patamares mínimos de proteção ao trabalhador.

Implementava-se a atuação do chamado "*Estado Providência*" ou "*Estado Polícia*", que deixou de se ater à mera função de agente regulador da ordem social e política para intervir em relações de trabalho (de caráter nitidamente privado), a fim de compensar o desequilíbrio econômico existente entre os seus respectivos sujeitos (empregado e empregador).

Desenvolve-se, a partir daí, com a edição de normas trabalhistas de natureza cogente ou de ordem pública, o embrião do Direito do Trabalho, cuja autonomia, enquanto ramo jurídico especializado, foi amplamente proclamada no Tratado de Versalhes, que também instituiu a Organização Internacional do Trabalho (1919).

O art. 427 do Tratado dispunha sobre os princípios e normas que deveriam orientar a construção desse novo Direito:

> 1º O princípio diretivo antes enunciado de que o trabalho não há de ser considerado como mercadoria ou artigo de comércio.
> 2º O direito de associação visando a alcançar qualquer objetivo não contrário às leis, tanto para os patrões como para os assalariados.
> 3º O pagamento aos trabalhadores de um salário que lhes assegure um nível de vida conveniente, em relação com sua época e seu país.
> 4º A adoção da jornada de oito horas ou a duração semanal de quarenta e oito horas.
> 5º A adoção de um descanso semanal de vinte e quatro horas, sempre que possível aos domingos.
> 6º A supressão do trabalho das crianças e a obrigação de impor aos trabalhos dos menores de ambos os sexos as limitações necessárias para permitir-lhes continuar sua instrução e assegurar seu desenvolvimento físico.
> 7º O princípio do salário igual, sem distinção de sexo, para um trabalho de igual valor.
> 8º As leis promulgadas em cada país, relativas às condições de trabalho deverão assegurar um tratamento econômico eqüitativo a todos os trabalhadores que residem legalmente no país.

> 9º Cada Estado deverá organizar um serviço de inspeção, que inclua mulheres, a fim de assegurar a aplicação das leis e regulamentos para a proteção dos trabalhadores.

A partir desse complexo de normas jurídicas trabalhistas de ordem pública, constituindo o chamado "*contrato mínimo legal*", é que se pode extrair o princípio *mater* do Direito do Trabalho, aquele que lhe atribui uma natureza tuitiva ou tulelar com relação à figura do prestador do trabalho: o *Princípio da Proteção ao Empregado*.

2. Princípios do Direito do Trabalho

Os princípios podem ser conceituados como sendo as idéias básicas ou disposições estruturais de uma determinada ciência.

Dentro desse contexto, os princípios inerentes a uma dada ciência jurídica representam o seu próprio alicerce, sobre o qual deve ser erguido todo o respectivo estuário normativo delineador de seu conteúdo, que, por sua vez, deve ser edificado em necessária e estrita harmonia com esses pilares principiológicos.

Pode-se afirmar, daí, que os princípios são dotados de finalidade tríplice: orientar o legislador, auxiliar o intérprete e integrar o ordenamento jurídico.

Todo legislador deve sempre exercer a função legiferante guiado pelos princípios que informam todo o sistema jurídico no qual a referida norma será inserida, sob pena de violar as proposições básicas que informam àquela ciência jurídica, dandolhe a tão almejada autonomia.

Da mesma forma, a interpretação dessas normas jurídicas deve-se proceder em perfeita consonância com esses mesmos princípios, a fim de atingir a sua verdadeira finalidade criadora (*mens legis*), a sua própria razão de ser.

Por último, os princípios, assim como a analogia e os costumes (art. 4º da Lei de Introdução ao Código Civil), são também eficazes mecanismos de integração das lacunas normativas.

É dentro dessa função de integração que se situa a norma prevista no art. 8º da CLT, quando enuncia que:

> *As autoridades administrativas e a Justiça do Trabalho, na falta de disposições legais ou contratuais, decidirão, conforme o caso, pela jurisprudência, por analogia, por eqüidade e* ***outros princípios e normas gerais de direito, principalmente do direito do trabalho****, e, ainda, de acordo com os usos e costumes, o direito comparado, mas sempre de maneira que nenhum interesse de classe ou particular prevaleça sobre o interesse público* (destacamos).

Registre-se, contudo, que os princípios representam, segundo a melhor doutrina, verdadeiros comandos deônticos de conduta, ou seja, possuem, por si só, força normativa. Dessa forma, as normas jurídicas se subdividem em normas-regra e normas-princípio.

2.1. Princípio da Proteção do Empregado

É o princípio *mater* do direito do trabalho, que lhe assegura a natureza de direito tuitivo (tutelar). É a fonte de onde emanam os demais princípios específicos do direito laboral. Estes, na verdade, são considerados meros corolários do princípio protetivo do empregado.

Este princípio é extraído das normas imperativas ou cogentes (de ordem pública) originárias da intervenção estatal no ordenamento jurídico trabalhista, a fim de compensar o desequilíbrio econômico existente entre os sujeitos da relação de emprego (empregado e empregador), instituindo o chamado "*contrato mínimo legal*".

São normas inderrogáveis pela vontade das partes, limitando, dessa forma, a autonomia da vontade contratual. Institui um patamar mínimo de direitos, o qual pode ser apenas complementado pelos contratantes. Daí decorre, como corolário, o princípio da irrenunciabilidade das normas trabalhistas.

A intervenção estatal, por meio de normas imperativas, não impede a autonomia da vontade contratual, mas apenas a limita, impedindo que viole as disposições de proteção ao trabalho.

Conforme preceitua o art. 444 da CLT, as relações contratuais de trabalho podem ser objeto de livre estipulação das partes interessadas em tudo que não contravenha às disposições de proteção ao trabalho, aos contratos coletivos (atualmente acordos convenções coletivos) que lhes sejam aplicáveis e às decisões das autoridades competentes.

Enquanto o direito comum supõe a igualdade das partes, o direito do trabalho pressupõe uma situação de desigualdade que ele tende a corrigir com outras desigualdades.

O grau de intervenção estatal nas relações de trabalho não depende apenas do sistema econômico adotado, mas da possibilidade real de os sindicatos, por meio da negociação coletiva, estipularem condições adequadas de trabalho ou a complementação da base mínima fixada em lei.

O intervencionismo estatal nas relações de trabalho reduz-se na razão inversa do fortalecimento da organização sindical. Daí a adoção, ainda que de forma moderada, da tese da flexibilização pela Constituição brasileira (art. 7º, VI, XIII e XIV).

As constituições republicanas vêm ressaltando essa tendência protecionista, quando incluem entre os direitos fundamentais os direitos sociais do trabalhador. Daí a perfeita conclusão de que o princípio protecionista é um princípio de ordem constitucional.

2.2. Princípio da Norma Mais Favorável

Segundo a Teoria Pura do Direito de Hans Kelsen, as normas de hierarquia superior constituem o fundamento de validade das normas de hierarquia inferior.

No direito comum, o conflito aparente de normas é solucionado em razão da hierarquia das normas conflitantes. Se forem de igual hierarquia, por meio do princípio *lex posterior derogat priori.*

No direito do trabalho, diante do conflito aparente de normas, aplicar-se-á aquela que for mais favorável ao empregado, salvo se a norma de hierarquia superior for de caráter proibitivo ou de ordem pública. Não haveria, portanto, uma hierarquia de leis, mas de normas. É o que reza o princípio da norma mais favorável.

Esse princípio pode ser extraído, por exemplo, do disposto no art. 620 da CLT, que determina que as condições estabelecidas em convenção coletiva de trabalho, quando mais favoráveis, prevalecerão sobre as estipuladas em acordo coletivo de trabalho.

Três métodos ou teorias para fixação da norma mais favorável se destacam na doutrina trabalhista:

O primeiro consiste na **teoria atomista ou da acumulação**, que defende o fracionamento das normas para buscar em cada dispositivo o mais favorável ao trabalhador. No entanto, este método termina por ferir o conteúdo unitário e sistemático da norma.

O segundo método é a **teoria do conjunto ou do conglobamento**, onde se consideram os diplomas ou instrumentos normativos como um todo, para fixar aquele mais favorável à classe obreira. É um método muito prestigiado na doutrina e na jurisprudência.

Por último, o método fundado na **teoria orgânica ou da incindibilidade dos institutos**, o qual considera o conjunto das cláusulas referentes a cada instituto ou matéria prevista nas normas. É considerado como uma forma mais moderada da teoria do conglobamento. É o que prevalece na melhor doutrina.

Exemplo de aplicação dessa teoria orgânica na ordem legal é o comando contido no art. 3º, inciso II, da Lei nº 7.064/1982, quando assegura "*a aplicação da legislação brasileira de proteção ao trabalho, naquilo que não for incompatível com o disposto nesta lei, quando mais favorável do que a legislação territorial,* ***no conjunto de normas em relação a cada matéria***"(grifo nosso).

2.3. Princípio do *In Dubio Pro Operario*

De acordo com o princípio do *in dubio pro operario*, também conhecido como princípio do *in dubio pro misero*, se de uma mesma norma jurídica for possível extrair mais de uma interpretação, aplicar-se-á aquela que for mais favorável ao empregado, desde que não afronte a literalidade do preceito e não consista em matéria probatória.

Em suma, a aplicação deste princípio decorre da existência de interpretações diversas acerca de uma mesma norma. É claro que estas exegeses não devem extrapolar os limites impostos pela literalidade do preceito. Devem ser interpretações que estejam em perfeita consonância com o comando legal. Neste caso, sobressairá aquela hermenêutica que for mais favorável ao obreiro.

Da mesma forma, não se aplica o princípio do *in dubio pro operario* para dirimir questões de natureza probatória. Ou seja, a prova de determinado fato dependerá do contexto probatório dos autos, em conformidade com as regras de distribuição do ônus da prova, nos termos dos arts. 818 da CLT e 333, incisos I e II, do CPC. Inadmissível, pois, a incidência deste princípio, em sede processual, para resolver controvérsia fática.

2.4. Princípio da Condição Mais Benéfica

O princípio da condição mais benéfica assegura a prevalência das condições mais vantajosas ao empregado ajustadas no contrato de trabalho ou em regulamento de empresa.

Devem prevalecer as condições mais benéficas ao empregado, ainda que sobrevenha norma jurídica imperativa que prescreva menor nível de proteção, desde que com esta não sejam incompatíveis.

Deste princípio decorre a impossibilidade de alteração contratual prejudicial ao empregado, ainda que bilateral. É o que preceitua o art. 468 da CLT, ao dispor que nos contratos individuais de trabalho só é lícita a alteração das respectivas condições por mútuo consentimento e, ainda assim, desde que não resultem, direta ou indiretamente, prejuízos ao empregado, sob pena de nulidade da cláusula infringente dessa garantia.

Na jurisprudência, podemos citar como corolários diretos deste princípio, os seguintes entendimentos sumulados:

Súmula 51, item I, do C. Tribunal Superior do Trabalho: "*As cláusulas regulamentares, que revoguem ou alterem vantagens deferidas anteriormente, só atingirão os trabalhadores admitidos após a revogação ou alteração do regulamento*".

Súmula 288 do C. TST: "*A complementação dos proventos da aposentadoria é regida pelas normas em vigor na data da admissão do empregado, observando-se as alterações posteriores desde que mais favoráveis ao beneficiário do direito*".

Quanto às vantagens previstas em convenção e acordo coletivos de trabalho, a sua concessão se atrela ao período de vigência destes instrumentos normativos, em prol do exercício da autonomia da vontade coletiva (CF/1988, art. 7º, XXVI). Em outras palavras, as cláusulas coletivas não aderem de forma definitiva aos contratos individuais de trabalho, não havendo falar em ultra-atividade de suas eficácias normativas.

Frise-se que a disposição contida no § 2º do art. 1º da Lei nº 8.542/1992, que dispunha no sentido de que as condições dos acordos, convenções ou contratos coletivos de trabalho integrariam os contratos individuais de trabalho e somente poderiam ser reduzidas ou suprimidas por posterior acordo, convenção ou contrato coletivo de trabalho, foi revogada pela Lei nº 10.192/2001.

Em suma, os direitos previstos em normas coletivas são exigíveis durante a vigência dos respectivos diplomas normativos, não se atrelando definitivamente aos pactos individuais dos trabalhadores beneficiados.

Nesse mesmo sentido, a inteligência da Súmula 277 do C. Tribunal Superior do Trabalho: "*As condições de trabalho alcançadas por força de sentença normativa vigoram no prazo assinado, não integrando, de forma definitiva, os contratos*".

2.5. Princípio da Primazia da Realidade

O princípio da primazia da realidade assegura a prevalência, na ordem jurídica trabalhista, da realidade objetiva dos fatos sobre a formalidade inerente a documentos ou acordos.

Como ensina Américo Plá Rodrigues (Princípios de Direito do Trabalho, São Paulo: LTr, 1978, p. 217): "*O princípio da primazia da realidade significa que, em caso de discordância entre o que ocorre na prática e o que emerge de documentos ou acordos, deve-se dar preferência ao primeiro, isto é, ao que sucede no terreno dos fatos*".

Assim sendo, no Direito do Trabalho, a verdadeira natureza da relação jurídica estipulada pelos contratantes deve ser aferida da realidade dos fatos, não se limitando aos aspectos formais e/ou documentais.

Independentemente do que restar formalmente ajustado pelas partes contratantes, a verdadeira natureza da relação jurídica existente entre as partes contratantes será aferida através da realidade objetiva dos fatos.

O *modus operandi* em que realmente se desenvolver essa relação jurídica é que vai definir a existência ou não do vínculo de emprego, ou seja, se presentes ou não os elementos configuradores da relação de emprego (arts. 2º e 3º da CLT), ainda que previamente ajustado em contrário pelos contratantes.

O princípio da primazia da realidade possui embasamento legal no art. 9º da CLT, quando enuncia: "*Serão nulos de pleno direito os atos praticados com objetivo de desvirtuar, impedir ou fraudar a aplicação dos preceitos contidos na presente Consolidação*".

Exemplo prático sobre a aplicação deste recorrente princípio na esfera trabalhista é o que ocorre nas intermediações ilícitas de mão-de-obra por meio de sociedades cooperativas.

A ideologia do cooperativismo moderno surgiu no período Pós-Revolução Industrial, com Robert Owen, na Inglaterra, no final do século XVIII.

De acordo com este reformista social, as cooperativas surgiam como forma alternativa para melhorar as condições de trabalho, num período histórico em que o trabalhador se via substituído pelas máquinas até então inventadas, decorrentes da inovação tecnológica pertinente à época.

O cooperativismo visava à associação de trabalhadores de um mesmo ofício ou de ofícios diversos, mas atrelados a uma mesma categoria, sem objetivo de lucro, para, por meio do trabalho comum, dividirem as vantagens auferidas de suas forças-de-trabalho.

Não foi diferente a finalidade atribuída a esse sistema em nosso ordenamento jurídico, quando da elaboração da Lei nº 5.764/1971, que trata da política nacional de cooperativismo.

Conforme disposto em seu art. 3º, no contrato de sociedade cooperativa, as pessoas se obrigam reciprocamente a contribuir com bens e serviços para o exercício de uma atividade econômica, de proveito comum, sem objetivo de lucro. Trata-se, pois, de sociedade de pessoas, com natureza jurídica própria, não sujeita à falência, com a finalidade, entre outras, de prestar assistência a seus associados.

O Texto Constitucional vigente não quedou silente sobre o tema. No § 2º de seu art. 174, determina que a lei apoiará e estimulará o cooperativismo e outras formas de associativismo.

Com base nessa mesma ideologia, em 09/12/1994 foi publicada a Lei nº 8.949, que inseriu o parágrafo único no art. 442 da CLT. Nos termos desta norma, qualquer que seja o ramo de atividade da sociedade cooperativa, não existe vínculo entre ela e seus associados, nem entre estes e os tomadores de serviços daquela.

A interpretação desse dispositivo legal fora, durante muito tempo, objeto de intensos debates, firmando-se, no entanto, o entendimento de que a aplicação da norma estaria condicionada à existência de fato de uma sociedade cooperativa. Tal condição nasceu da necessidade de se combaterem as fraudes que, infelizmente, são comuns nestas espécies de sociedade.

Não raro as "cooperativas de trabalho" são, na verdade, efetivas empresas intermediadoras de mão-de-obra, que se cobrem desse "manto protetor" para simular suas reais atividades e objetivos almejados.

Constituem mero instrumento para arregimentar trabalhadores para determinadas empresas e/ou entes públicos, praticando a intermediação de mão-de-obra, tão repudiada em nosso ordenamento pátrio.

Nestas hipóteses, a aplicação do art. 9º da CLT, combinado com o princípio da primazia da realidade sobre a literalidade dos fatos, faz-se imperiosa à descaracterização da adesão efetuada, e a declaração do vínculo de emprego torna-se conseqüência jurídica necessária, haja vista o teor do *caput* do art. 442 da CLT, que dispõe sobre a possibilidade de o contrato de trabalho ser expresso ou tácito.

Necessária, portanto, a análise do caso concreto por parte do órgão julgador a fim de se averiguar a realidade então apresentada, procurando, dessa forma, verificar a pertinência ou não da aplicação do parágrafo único do art. 442 da CLT, cujo teor, em grande parte, derivou do disposto no art. 90 da Lei nº 5.764/1971.

Conclui-se, portanto, que qualquer tentativa de fraude ou de burla às normas de proteção ao trabalho encontra óbice na disposição contida no art. 9º da CLT, reivindicando a efetiva aplicação do princípio da primazia da realidade.

2.6. Princípio da Integralidade e da Intangibilidade do Salário

O princípio da integralidade e da intangibilidade do salário protege o salário de descontos abusivos, assegurando sua impenhorabilidade e a posição privilegiada em caso de insolvência do empregador.

Conforme preceitua a norma prevista no art. 462, *caput*, da CLT, "*Ao empregador é vedado efetuar qualquer desconto nos salários do empregado, salvo quando este resultar de adiantamentos, de dispositivos de lei ou de contrato coletivo*".

O referido preceito celetista visa a assegurar a intangibilidade do salário, possibilitando que o empregado possa ser efetivamente o árbitro de suas necessidades, de modo a utilizá-lo de acordo com sua livre escolha, a fim de poder fazer frente à subsistência pessoal e de seus familiares.

Trata-se de princípio que emana como corolário da característica alimentar ou subsistencial do salário.

Por sua vez, o art. 462, § 1º, da CLT autoriza o desconto no salário no caso de dano causado pelo empregado, desde que previamente definido em acordo, ou na ocorrência de dolo. Ou seja, é lícito o desconto pertinente a prejuízos empreendidos ao patrimônio empresarial decorrentes de culpa grave do empregado, sendo condição *sine qua non* à sua validade a prévia existência de ajuste nesse sentido. A hipótese de dolo do obreiro prescinde desse ajuste prévio.

Exemplo ilustrativo que pode ser mencionado é o dos frentistas que laboram em postos de combustível. Em regra, não é permitido ao empregador o desconto no salário do empregado em decorrência dos cheques emitidos sem provisão de fundos por parte dos clientes do estabelecimento. Isso porque não é lícito ao empregador transferir ao empregado os riscos inerentes à atividade econômica, como se pode auferir da própria definição contida no art. 2º, *caput*, da CLT. É a alteridade ínsita à figura do empregador em uma dada relação jurídica de emprego.

Todavia, nada obsta que as partes acordem previamente, ou que haja disciplina a respeito em regulamento empresarial ou norma coletiva, obrigando os frentistas a procedimento concernente a coleta de dados do cliente emissor do cheque, como endereço, telefone e números de identificação e do cadastro de pessoas físicas.

A inobservância dessa conduta por parte do empregado, desde que tenha sido obrigado por força do contrato, do regulamento e de diploma negocial coletivo, pode vir a autorizar descontos decorrentes da negligência do obreiro, caso os cheques emitidos não venham a ter provisão de fundos, com fundamento legal na regra contida no § 1º do art. 462 da CLT.

Registre-se, porém, que o cumprimento desse procedimento pelo empregado o exime de qualquer responsabilidade inerente ao pagamento, posto que não pode arcar com os ônus do empreendimento empresarial, haja vista a ausência, no caso, de qualquer culpabilidade.

Destaque-se, ainda, o entendimento consubstanciado na Súmula 342 do C. Tribunal Superior do Trabalho, ao dispor:

> *Descontos salariais efetuados pelo empregador, com a autorização prévia e por escrito do empregado, para ser integrado em planos de assistência odontológica, médico-hospitalar, de seguro, de previdência privada, ou de entidade cooperativa, cultural ou recreativo-associativa de seus trabalhadores, em seu benefício e de seus dependentes, não afrontam o disposto no art. 462 da CLT, salvo se ficar demonstrada a existência de coação ou de outro defeito que vicie o ato jurídico.*

A C. Corte Superior Trabalhista se posicionou no sentido de ser vedada qualquer presunção no tocante à suposta coação no ato admissional, sendo necessária a efetiva comprovação do aludido vício de vontade ou de consentimento para que se possam eivar de invalidade os referidos descontos.

A impenhorabilidade do salário, salvo para pagamento de pensão alimentícia, é outra característica diretamente vinculada à integralidade das parcelas salariais.

Enuncia o comando contido no art. 649, *caput*, inciso IV e § 2º, do CPC que são absolutamente impenhoráveis os vencimentos dos magistrados, dos professores e dos funcionários públicos, o soldo e os salários, salvo para pagamento de prestação alimentícia.

Por conseguinte, as verbas salariais não podem sofrer constrição judicial, excetuada a satisfação de pensão alimentícia. Esta exceção se explica facilmente pelo caráter alimentar do pensionamento, com vistas a assegurar a subsistência dos dependentes do alimentante.

Essa característica alimentar do salário também o situa como crédito privilegiado nas hipóteses de falência da empresa. Consoante a norma prevista no art. 449, § 1º, da CLT: "*Na falência, constituirão créditos privilegiados a totalidade dos salários devidos ao empregado e a totalidade das indenizações a que tiver direito*".

A falência provoca a abertura de um concurso universal de credores contra o patrimônio do empregador. Na hierarquia de créditos, os créditos acidentários e trabalhistas sempre se situaram no topo da ordem hierárquica do quadro geral de credores.

No entanto, a Lei nº 11.101/2005 instituiu um teto à prevalência hierárquica dos créditos derivados da legislação do trabalho, nos termos do seu art. 83, *caput* e inciso I: "*A classificação dos créditos na falência obedece à seguinte ordem: I – os créditos derivados da legislação do trabalho, limitados a cento e cinqüenta salários mínimos por credor, e os decorrentes de acidentes de trabalho (...)*".

No tocante à competência para processar e julgar a massa falida nas causas trabalhistas, a jurisprudência majoritária sempre se inclinou pela competência da Justiça do Trabalho até a fase de liquidação, deslocando-se a execução para o Juízo Falimentar.

Coadunando com o entendimento acima esposado, o disposto no art. 6º, § 2º, da Lei nº 11.101/2005:

> *É permitido pleitear, perante o administrador judicial, habilitação, exclusão ou modificação de créditos derivados da relação de trabalho, mas as ações de natureza trabalhista, inclusive as impugnações a que se refere o art. 8º desta Lei, serão processadas perante a justiça especializada até a apuração do respectivo crédito, que será inscrito no quadro geral de credores pelo valor determinado em sentença.*

Com relação à liquidação extrajudicial de instituições financeiras, conduzida pelo Banco Central do Brasil, esta não enseja controvérsia acerca da competência, sendo direta a execução de créditos trabalhistas contra essas empresas, nos termos da Orientação Jurisprudencial nº 143 da SBDI-1, do C. Tribunal Superior do Trabalho.

Assim como nos casos de falência e de dissolução da empresa, a concordata, por força da norma prevista no art. 449, *caput*, da CLT, não obstava a subsistência dos direitos oriundos da existência do contrato de trabalho.

A concordata somente atingia os créditos quirografários, ampliando o prazo de pagamento e reduzindo o custo financeiro regular. Os créditos trabalhistas não sofriam a incidência dos favores da concordata.

A Lei nº 11.101/2005, em substituição à concordata, instituiu a recuperação judicial ou extrajudicial da empresa.

A recuperação extrajudicial, assim como a antiga concordata, não afeta os direitos trabalhistas e acidentários dos empregados, nos termos dos arts. 83, 161, § 1º, e 163, § 3º, da Lei nº 11.101/2005.

A recuperação judicial, ao contrário, pode vir a afetar os direitos trabalhistas dos empregados.

Extrai-se do art. 50, *caput* e incisos I, VII e VIII, da Lei nº 11.101/2005 que

> *"Constituem meios de recuperação judicial, observada a legislação pertinente a cada caso, dentre outros:*
>
> *I – concessão de prazos e condições especiais para pagamento das obrigações vencidas ou vincendas;*
>
> *(...)*
>
> *VII – trespasse ou arrendamento de estabelecimento, inclusive à sociedade constituída pelos próprios empregados;*
>
> *VIII – redução salarial, compensação de horários e redução da jornada, mediante acordo ou convenção coletiva.*

Por sua vez, o art. 54, *caput*, do mesmo diploma legal dispõe que: "*O plano de recuperação judicial não poderá prever prazo superior a um ano para pagamento dos créditos derivados da legislação do trabalho ou decorrentes de acidentes de trabalho vencidos até a data do pedido de recuperação judicial*".

Por fim, esse mesmo artigo, em seu parágrafo único, estabelece que: "*O plano não poderá, ainda, prever prazo superior a trinta dias para o pagamento, até o limite de cinco salários-mínimos por trabalhador, dos créditos de natureza estritamente salarial vencidos nos três meses anteriores ao pedido de recuperação judicial*".

Faz-se necessária, contudo, a interpretação destes dispositivos à luz dos princípios da dignidade da pessoa humana, da valorização do trabalho e da submissão da propriedade à sua função social.

2.7. Princípio da Irrenunciabilidade ou da Indisponibilidade

O princípio da irrenunciabilidade ou da indisponibilidade assegura a inderrogabilidade das normas trabalhistas pela vontade das partes, em face de sua natureza cogente ou de ordem pública.

Poder-se-ia traduzi-lo, segundo o ilustre Américo Plá Rodrigues, como sendo "*a impossibilidade jurídica de privar-se voluntariamente de uma ou mais vantagens concedidas pelo direito trabalhista em proveito próprio*".

Não se confundam, porém, os conceitos dos institutos da renúncia e da transação. A renúncia consiste em ato unilateral de despojamento de um direito certo, enquanto a transação corresponde a ato bilateral, mediante concessões recíprocas, acerca de um direito duvidoso (*res dubia*), com vistas a finalizar ou a evitar um litígio.

Este princípio não constitui óbice à legítima transação, mas tão-somente à renúncia. Sabe-se, inclusive, que o processo do trabalho prestigia em muito a conciliação entre as partes. Conforme dispõe o art. 764 da CLT: "*Os dissídios individuais ou coletivos submetidos à apreciação da Justiça do Trabalho serão sempre sujeitos à conciliação*".

Defendemos, contudo, que a transação na seara trabalhista, em razão da natureza cogente de suas normas e da hipossuficiência econômica do empregado, para poder ser considerada válida, deve se submeter ao crivo do Poder Judiciário Trabalhista. Em suma, a transação celebrada entre os titulares de uma relação de trabalho deve ser sempre homologada pelo Juízo Trabalhista.

Ressalte-se, ainda, que a indisponibilidade da norma trabalhista não pressupõe a ocorrência do vício de consentimento. Se assim fosse, restaria sempre a opção da prova em contrário, como forma de elidir a efetividade deste princípio.

Como corolário imediato dessa imperatividade inerente à ordem jurídico-trabalhista, podemos destacar que a cláusula do contrato de trabalho que estabelecer condições e/ou vantagens inferiores ao patamar mínimo legal deve ser considerada como não escrita, e automaticamente substituída pela disposição contida na legislação trabalhista. Assim, neste caso, a cláusula legal substitui a cláusula contratual. É o que se rotula como *princípio da tutela jurídica perfeita* ou *da aderência automática*.

A aplicação do princípio da irrenunciabilidade resta, atualmente, mitigada pela tese da flexibilização das normas trabalhistas, adotada de forma moderada pelo Texto Constitucional vigente.

Preceituam os incisos VI, XIII e XIV do art. 7º da Constituição da República, *in verbis*:

> *Art. 7º São direitos dos trabalhadores urbanos e rurais, além de outros que visem à melhoria de sua condição social:*
>
> *(...)*
>
> *VI – irredutibilidade do salário,* ***salvo o disposto em convenção ou acordo coletivo;***
>
> *(...)*
>
> *XIII – duração do trabalho normal não superior a oito horas diárias e quarenta e quatro semanais,* ***facultada a compensação de horários e a redução da jornada, mediante acordo ou convenção coletiva de trabalho;***
>
> *XIV – jornada de seis horas para o trabalho realizado em turnos ininterruptos de revezamento,* ***salvo negociação coletiva*** *(grifo nosso).*

Admite-se, portanto, a flexibilização sob a tutela sindical, através da negociação coletiva, no tocante à redução de salário, à compensação e à redução de jornada de trabalho e à ampliação da jornada de trabalho nos turnos ininterruptos de revezamento.

A irredutibilidade do salário integra os sistemas de garantias salariais, traduzindo-se em importante mecanismo de proteção jurídica do valor do salário e contra abusos do empregador.

Saliente-se que essa impossibilidade de redução é apenas do valor nominal do salário, salvo negociação coletiva (art. 7º, inciso VI, da CF/1988).

Essa irredutibilidade salarial decorre diretamente da vedação à alteração contratual lesiva ao empregado, prevista no art. 468 do CLT.

Esse mecanismo de proteção jurídica não alcança o valor real do salário, restringindo-se ao critério formal de aferição do valor salarial.

Também não atinge as verbas salariais classificadas como "*salário condição*", as quais são suprimidas quando cessadas as circunstâncias que ensejaram seu pagamento. Como exemplos típicos: os adicionais noturno, de horas extraordinárias, de periculosidade, de insalubridade e de transferência.

Por sua vez, o legislador constituinte permitiu a possibilidade de redução do salário por meio da negociação coletiva, ou seja, por convenção coletiva de trabalho ou acordo coletivo de trabalho, sendo obrigatória a participação dos sindicatos nestas negociações (CF/1988, arts. 7º, VI, e 8º, VI).

Esclareçamos que o art. 8º, inciso VI, da Carta Magna, ao exigir a participação obrigatória dos sindicatos nas negociações coletivas de trabalho, refere-se aos sindicatos representantes das categorias profissionais, visto que as empresas, integrantes da categoria econômica, são consideradas, por si só, seres coletivos, prescindindo da referida representação sindical.

Caso assim não se entendesse, teríamos forçosamente a ilação de que o acordo coletivo de trabalho não foi recepcionado pela nova ordem constitucional, o que não se coaduna com a realidade atual.

E como o dispositivo constitucional excepciona a irredutibilidade salarial apenas por meio da negociação coletiva, podemos concluir que o disposto nos arts. 503 da CLT e 2º, § 2º, da Lei nº 4.923/1965 não foram recepcionados pelo art. 7º, inciso VI, da Constituição da República, posto que autorizam a redução de salário, em até 25% (vinte e cinco por cento), nos casos de força-maior e de dificuldades financeiras devidamente comprovadas pelo empregador.

Quanto à possibilidade de compensação da jornada de trabalho, importante destacar os entendimentos consubstanciados na Súmula 85 do C. Tribunal Superior do Trabalho:

> 85. Compensação de jornada.
>
> I – A compensação de jornada de trabalho deve ser ajustada por acordo individual escrito, acordo coletivo ou convenção coletiva.

> II – O acordo individual para compensação de horas é válido, salvo se houver norma coletiva em sentido contrário.
> III – O mero não-atendimento das exigências legais para a compensação de jornada, inclusive quando encetada mediante acordo tácito, não implica a repetição do pagamento das horas excedentes à jornada normal diária, se não dilatada a jornada máxima semanal, sendo devido apenas o respectivo adicional.
> IV – A prestação de horas extras habituais descaracteriza o acordo de compensação de jornada. Nesta hipótese, as horas que ultrapassarem a jornada semanal normal deverão ser pagas como horas extraordinárias e, quanto àquelas destinadas à compensação, deverá ser pago a mais apenas o adicional por trabalho extraordinário.

Infere-se do posicionamento contido no verbete sumular acima transcrito que a compensação da jornada de trabalho pode ser ajustada não somente por meio da negociação coletiva (acordo coletivo de trabalho e convenção coletiva de trabalho), mas também por acordo individual escrito.

Essa conclusão jurisprudencial nasceu da própria interpretação do inciso XIII do art. 7º da Constituição da República. Isso porque o aludido dispositivo faculta a compensação de horários e a redução da jornada de trabalho mediante "*acordo ou convenção* ***coletiva*** *de trabalho*", e não "*acordo ou convenção* ***coletivos*** *de trabalho*" (grifo nosso).

Dessa forma, pelo fato de a expressão "coletiva" referir-se à convenção, e não ao acordo, este foi interpretado de forma genérica, incluindo o acordo escrito individual e o acordo coletivo de trabalho.

Ainda que tenhamos dúvidas se esta foi realmente a intenção do legislador constituinte, ou se seria a melhor interpretação, com vistas a se atingir a *mens legis*, é fato de que a exegese do C. Tribunal Superior do Trabalho se coaduna com a literalidade do preceito constitucional, quando se empreende o método de interpretação gramatical.

No tocante ao turno ininterrupto de revezamento, este pressupõe trabalho em horários com sucessivas modificações, em atividade empresarial contínua.

A melhor doutrina entende como turno ininterrupto o trabalho que se alterna em horários diferentes, laborando o empregado nos períodos diurno e noturno.

Nestes casos, a redução da jornada de trabalho se impõe, uma vez que a alternância de horários prejudica o metabolismo humano. E, consoante o art. 7º, inciso XIV, da Constituição da República, esta jornada é de seis horas, salvo negociação coletiva.

Cumpre salientar que a fixação de jornada superior a seis horas diárias, e limitada a oito horas, mediante negociação coletiva, não enseja o pagamento como extraordinárias das horas excedentes à sexta diária.

Nesse sentido, o entendimento cristalizado na Súmula 423 do C. Tribunal Superior do Trabalho:

> 423. Turno ininterrupto de revezamento. Fixação de jornada de trabalho mediante negociação coletiva. Validade.
> Estabelecida jornada superior a seis horas e limitada a oito horas por meio de regular negociação coletiva, os empregados submetidos a turnos ininterruptos de revezamento não têm direito ao pagamento das 7ª e 8ª horas como extras.

2.8. Princípio da Continuidade da Relação de Emprego

O princípio da continuidade da relação de emprego faz operar presunção relativa (*iuris tantum*) e favorável ao empregado no sentido do prosseguimento regular da vinculação empregatícia.

A empresa, enquanto atividade econômica organizada, reúne e organiza os fatores de produção com vistas à produção de bens ou serviços, tendo, por isso, propensão à continuidade.

O empregado, no contexto de uma relação jurídica de emprego, se insere dentro dessa organização empresarial, como parte integrante dos fatores de produção, absorvendo o contrato de trabalho a mesma tendência à continuidade inerente à atividade econômica.

Alguns autores atribuem, inclusive, *status* constitucional a este princípio, uma vez que a Constituição da República estabelece uma série de direitos ao trabalhador dispensado, os quais, de alguma forma, terminariam por estimular a continuidade do vínculo de emprego. Como exemplo, podemos citar o pagamento de indenização compensatória na despedida arbitrária (art. 7º, I), além do aviso prévio (art. 7º, XXI) e dos depósitos do FGTS (art. 7º, III).

O princípio da continuidade da relação de emprego resta bem evidenciado no posicionamento contido na Súmula 212 do C. Tribunal Superior do Trabalho:

> 212. Despedimento. Ônus da prova.
> O ônus de provar o término do contrato de trabalho, quando negados a prestação de serviço e o despedimento, é do empregador, pois o princípio da continuidade da relação de emprego constitui presunção favorável ao empregado.

De acordo com este verbete sumular, em havendo controvérsia acerca da natureza da ruptura do vínculo de emprego, o ônus da prova quanto ao término do contrato de trabalho deve recair sobre o empregador, posto que o princípio da continuidade da relação de emprego, como já visto, faz operar presunção (relativa) favorável ao empregado.

2.9. Princípio da Autodeterminação Coletiva

O princípio da autodeterminação coletiva vem assegurar o livre exercício da autonomia da vontade coletiva, através da negociação coletiva, e concretizada nos instrumentos normativos dos acordos e convenções coletivos de trabalho.

As convenções e acordos coletivos de trabalho são fontes formais autônomas do Direito do Trabalho, posto serem diplomas negociais firmados a partir dos próprios destinatários dessas cláusulas coletivas, as quais dispõem sobre condições de trabalho a serem implementadas nas relações jurídicas de emprego cujos titulares integram categorias profissional e econômica.

Conforme preceitua o art. 611, *caput*, da CLT, entende-se por convenção coletiva de trabalho o acordo de caráter normativo pelo qual dois ou mais sindicatos representativos de categorias econômicas e profissionais estipulam condições de trabalho aplicáveis, no âmbito das respectivas representações, às relações individuais de trabalho.

Já o acordo coletivo de trabalho, consoante a norma prevista no § 1º do mesmo art. 611 da CLT, consiste em acordo normativo celebrado entre sindicatos representantes de categorias profissionais e uma ou mais empresas da correspondente categoria econômica, estipulando condições de trabalho aplicáveis às relações individuais de trabalho que se desenvolvem no âmbito da empresa ou das empresas acordantes.

Esses instrumentos coletivos são considerados pela doutrina verdadeiros contratos normativos, haja vista possuírem, no aspecto formal, natureza contratual e, sob o aspecto material ou substancial, a natureza de norma jurídica.

Suas cláusulas são dotadas da generalidade, da abstração e da imperatividade inerentes às normas jurídicas, limitadas apenas ao âmbito das respectivas bases de representação.

O reconhecimento do conteúdo normativo, no âmbito do Direito do Trabalho, das convenções e acordos coletivos de trabalho resta assegurado no art. 7º, inciso XXVI, da Constituição da República.

As cláusulas coletivas aderem aos contratos de trabalho dos integrantes de toda a categoria profissional (convenção coletiva de trabalho) ou apenas da coletividade de empregados de uma ou mais empresas (acordo coletivo de trabalho).

Essas vantagens, entretanto, não se incorporam de forma definitiva a esses contratos, sendo exigíveis apenas durante a vigência desses diplomas negociais, que possuem o limite máximo de dois anos, nos termos do § 3º do art. 614 da CLT.

Aplica-se, nesse caso, a mesma inteligência contida na Súmula 277 do C. Tribunal Superior do Trabalho, que se reporta à sentença normativa, quando dispõe *in verbis*: "*As condições de trabalho alcançadas por força de sentença normativa vigoram no prazo assinado, não integrando, de forma definitiva, os contratos*".

É lógico que esses instrumentos normativos, assim como acontece com todo o arcabouço jurídico-trabalhista, encontram limites delineados no Texto Constitucional, em adoção à tese da flexibilização moderada (CF/1988, art. 7º, VI, XIII e XIV), e nas normas de ordem pública.

Tanto é verdade que o art. 83, inciso IV, da Lei Complementar nº 75/1993 (Lei Orgânica do Ministério Público da União) atribui ao Ministério Público do Trabalho a legitimidade para propor as ações cabíveis para declaração de nulidade de cláusula de contrato, acordo coletivo ou convenção coletiva que viole as liberdades individuais ou coletivas ou os direitos individuais indisponíveis dos trabalhadores.

A competência funcional para julgamento dessas ações anulatórias é originária dos Tribunais do Trabalho, de acordo com a base de representação atingida, através do seu Pleno (nos Tribunais Regionais do Trabalho de pequeno porte, os quais não admitem a divisão em órgãos fracionários) ou das respectivas Seções Especializadas em Dissídios Coletivos.

3. Princípios Gerais Constitucionais

Além destes princípios específicos, somem-se, ainda, aqueles princípios, fundamentos e/ou objetivos de índole constitucional que possuem perfeita pertinência temática com as finalidades preconizadas pelo Direito do Trabalho. Entre eles destacam-se:

a) A dignidade da pessoa humana e os valores sociais do trabalho, que constituem fundamento da República Federativa do Brasil, enquanto Estado Democrático de Direito, nos termos do art. 1º, incisos III e IV, da Constituição da República.
b) A construção de uma sociedade livre, justa e solidária, a garantia do desenvolvimento nacional, a erradicação da pobreza e da marginalização e a redução das desigualdades sociais e regionais, que consistem em objetivos da República Federativa do Brasil, nos termos do art. 3º, incisos I, II e III, da Constituição da República.
c) O atendimento à função social da propriedade, como direito fundamental previsto no art. 5º, inciso XXIII, da Constituição da República.
d) O trabalho enquanto direito social enumerado no art. 6º da Constituição da República.
e) O rol de direitos dos trabalhadores urbanos e rurais previstos no art. 7º e incisos da Constituição da República, além de outros que visem à melhoria de sua condição social.
f) Os princípios gerais da atividade econômica, com fundamento na valorização do trabalho humano e na livre iniciativa, a fim de assegurar a todos existência digna, conforme os ditames da justiça social, e a observância, dentre outros, dos princípios da função social da propriedade e da busca do pleno emprego, nos moldes do art. 170, *caput* e incisos III e VIII, da Constituição da República.

II NATUREZA JURÍDICA DA RELAÇÃO DE EMPREGO

Este tema foi abordado no seguinte concurso público da Magistratura do Trabalho:
Considera-se que, embora adotada pela Consolidação das Leis do Trabalho a natureza contratual da relação de emprego, houve nítida influência da chamada teoria institucionalista na concepção de empregador retratada em diversas de suas disposições, no escopo de proteger o empregado. Explique a formulação da referida teoria institucionalista e como informou preceitos legais da CLT, indicando-os. (Concurso nº 01/2007 da Magistratura do TRT-3ª Região)

1. Introdução

Podem-se destacar dois nítidos processos dentro do contexto da pesquisa acerca da natureza jurídica de um determinado instituto: primeiro, a definição, perquirindo sua essência e conteúdo; segundo, a classificação, enquanto atividade lógica de posicionamento da espécie em estudo nos gêneros correlatos pré-existentes.

Assim sendo, a busca da natureza jurídica de um fenômeno é composta de duplo procedimento cognitivo: a apreensão dos elementos constitutivos e a classificação na seara do Direito. É responder à seguinte pergunta: o que este instituto representa no mundo jurídico? Trata-se, por fim, de uma atividade lógica de classificação.

No processo de evolução histórica do estudo sobre a natureza jurídica da relação de emprego, a doutrina vem destacando três momentos distintos.

O primeiro momento caracterizou-se por forte influência civilista, buscando-se, inicialmente, o enquadramento da relação de emprego entre os contratos típicos do Direito Civil. Foram as chamadas *Teorias Contratualistas Tradicionais*.

No entanto, essa tentativa de proceder à classificação da relação de emprego dentro dos contratos clássicos civilistas implicava, de forma indubitável, a desconsideração de importantes e diferentes elementos dessa nova espécie.

O segundo momento foi marcado pelo abandono da teoria civilista, negando-se a natureza contratual da relação de emprego, a qual estaria dissociada das noções de liberdade e vontade, aspectos nucleares à idéia de contrato. Foram as denominadas *Teoria da Relação de Trabalho* e *Teoria Institucionalista.*

Todavia, ainda que existentes limitações impostas a ambos os sujeitos da relação jurídica de emprego, a conjugação da vontade implica o surgimento do contrato, promovendo a inserção do trabalhador no sistema produtivo da atividade empresarial.

O terceiro e último momento caracterizou-se pela afirmação da natureza contratual da relação de emprego, embora esta não pudesse ser subsumida dentro de qualquer dos contratos existentes no âmbito civilista.

Trata-se de teoria mais harmônica, pois é capaz de comungar elementos distintivos e comuns da relação de emprego perante as demais modalidades de contrato.

2. Teorias Contratualistas Tradicionais

As Teorias Contratualistas Tradicionais foram as primeiras a se dedicarem à pesquisa da natureza jurídica da relação de emprego. Eram teorias de índole civilista, que procuraram o enquadramento dessa nova figura jurídica entre aquelas espécies clássicas de contratos.

2.1. Teoria do Arrendamento ou da Locação

Foi teoria inspirada no modelo teórico que marcou o Direito Romano: *locatio operis* (importância focada no resultado do trabalho; risco do resultado a cargo de quem se obrigava a realizar certa obra) e *locatio operarum* (importância focada na própria força de trabalho; risco a cargo do tomador do trabalho alheio).

A relação de emprego corresponderia a um contrato de locação de serviços, pelo qual uma das partes arrendaria sua força de trabalho à outra.

A crítica se dirigia à inexistência, na relação de emprego, da separação entre a figura do trabalhador e o objeto do contrato (força de trabalho), ao contrário do que ocorre na relação locatícia.

2.2. Teoria da Compra e Venda

Segundo esta corrente teórica, a relação de emprego teria natureza jurídica de contrato de compra e venda, posto que o trabalhador alienaria a sua força de trabalho ao empregador, tendo como preço o valor correspondente ao salário.

As críticas destacavam que esta teoria reduzia o trabalho a artigo de comércio ou mercadoria, em contraposição ao seu valor social e à dignidade da pessoa humana do trabalhador. Alertavam, ainda, para a impossibilidade de se promover a separação entre o objeto alienado (força de trabalho) e o alienante (trabalhador).

Por sua vez, a relação de emprego possui natureza contínua, enquanto o contrato de compra e venda tende a se esgotar no tempo, além de aquela configurar uma obrigação de fazer e, esta, uma obrigação de dar.

Por fim, esta teoria não explicaria as hipóteses de interrupção do contrato de trabalho, quando, embora não haja prestação de serviços pelo empregado, este é remunerado pelo empregador.

2.3. Teoria do Mandato

Segundo esta corrente de pensamento, a fidúcia inerente a uma relação de emprego implicaria a configuração de um contrato de mandato, atuando o empregado como mandatário do empregador.

Contudo, ressalvadas algumas exceções, concretizadas nos chamados "altos empregados" (que atuariam como *longa manus* do empregador), a fidúcia inerente à relação de emprego não atinge nível que se possa considerar o empregado como mandatário ou representante do empregador.

De outra forma, o contrato de mandato pode ser gratuito ou oneroso, enquanto a relação de emprego é caracterizada pela onerosidade.

Por fim, o objeto do contrato de mandato consiste, em regra, na execução de atos jurídicos, ao passo que o objeto da relação de emprego é a prestação de serviços, através da execução de atos materiais.

2.4. Teoria do Contrato de Sociedade

Para esta teoria, a relação de emprego consistiria em um contrato de sociedade, em razão da comunhão de interesses com vistas à produção.

Todavia, a subordinação jurídica e a *affectio societatis* são conceitos que tendem a se excluir, evitando qualquer equiparação entre estas duas figuras.

Destaque-se, ainda, que o núcleo da relação de emprego é a prestação de trabalho subordinado, enquanto no contrato de sociedade seu objeto é o trabalho em comum.

Também é certo que, na relação de emprego, o empregado não suporta os riscos do negócio como suportam os sócios no contrato de sociedade.

3. Teorias Acontratualistas

As Teorias Acontratualistas negavam a natureza contratual da relação de emprego.

Repudiavam qualquer relevância às noções de liberdade e de vontade na regular constituição da relação de emprego. Correspondem às Teorias da Relação de Trabalho e Institucionalista.

3.1. Teoria da Relação de Trabalho

De acordo com a Teoria da Relação de Trabalho, a liberdade e a vontade não consistiriam em elementos importantes à constituição e desenvolvimento da relação de emprego.

A prestação material do trabalho é que consistiria na fonte das relações de emprego, e não a vontade de seus respectivos sujeitos.

A relação de emprego corresponderia a uma situação jurídica objetiva, entre trabalhador e empregador, para prestação de serviços subordinados, independentemente do ato ou da causa de que se originou. O simples fato da prestação do trabalho seria o elemento essencial e gerador de direitos e obrigações na ordem jurídica.

3.1.1. Ato-Condição

A relação de emprego configurar-se-ia por meio de um ato-condição, ou seja, a sua admissão corresponderia a um ato de inserção do empregado no sistema produtivo empresarial, submetendo-o a todo estatuto normativo pré-existente.

Foca-se a idéia de inserção do trabalhador junto à atividade empresarial, não se atribuindo a importância devida à manifestação bilateral de vontade das partes envolvidas.

Porém, como se sabe, a celebração de um contrato constitui sempre condição para aplicação de um estatuto normativo. Assim sendo, tal fato não impede o reconhecimento da natureza contratual desse acordo de vontades do qual decorre a admissão do empregado.

3.1.2. Contrato-Realidade

Segundo esta vertente teórica, a relação de emprego somente se forma com a efetiva prestação do serviço em determinada empresa. O contrato de trabalho seria um contrato-realidade.

Assim, a efetiva prestação do trabalho seria imprescindível à incidência do estuário normativo trabalhista.

Todavia, conforme previsto no art. 4º da CLT, considera-se como de efetivo serviço o período em que o empregado se encontra à disposição do empregador, por força do contrato. Por conseguinte, na relação de emprego, o inadimplemento das obrigações patronais produz efeitos jurídicos a partir da configuração do ajuste, independentemente da concreta prestação de serviços.

3.2. Teoria Institucionalista

Essa teoria pressupunha a adesão a um grupo social, caracterizado por hierarquia e estatuto próprios, como fonte da obrigação trabalhista.

Compreendia-se a empresa como uma instituição (uma "idéia-ação") que se impunha objetivamente a um certo conjunto de pessoas e cuja permanência e desenvolvimento não se submetiam à vontade particular de seus membros componentes.

O empregado, à luz da teoria institucionalista, submetia-se a uma situação fundamentalmente estatutária, sujeitando-se às condições de trabalho previamente estabelecidas por um complexo normativo previamente constituído.

Essa acentuada relação de hierarquia inerente à noção de instituição afastava a presença da liberdade e da vontade na produção e desenvolvimento na relação de emprego, caracterizando os sistemas de gestão trabalhista totalitários.

Registre-se que alguns dispositivos da Consolidação das Leis do Trabalho receberam forte influência da teoria institucionalista, ainda que não se tenha dúvida acerca da natureza contratual da relação de emprego, como teoria adotada pelo estuário celetista.

O próprio conceito de empregador, disciplinado no art. 2º, *caput*, da CLT, é um exemplo desse fenômeno, quando o vincula à própria noção de empresa, enquanto atividade econômica, promovendo a chamada "*despersonificação da figura do empregador*".

Na verdade, não se quis erigir a empresa à condição de sujeito de direito, mas destacar a efetiva inserção do empregado, quando de sua admissão, no sistema produtivo do empreendimento empresarial.

Essa vinculação do trabalhador à própria atividade econômica, em razão da despersonificação da figura do empregador, é de tal forma que a alteração de sua estrutura jurídica e/ou de sua titularidade não é capaz de afetar os respectivos contratos de trabalho e os direitos já adquiridos pela classe trabalhadora. Nasce daí o conceito de sucessão trabalhista, nos moldes dos arts. 10 e 448 da CLT.

Por último, a definição legal de contrato individual de trabalho prevista no art. 442, *caput*, da CLT também é exemplo desse choque de teorias contratualista e institucionalista, quando se limita a enfatizar que aquele é o acordo expresso ou tácito correspondente à relação de emprego.

As críticas são muitas com relação a este conceito. Primeiro, porque não se consegue extrair os elementos componentes do instituto, nem tampouco o nexo lógico que os mantêm interligados. Segundo, porque o contrato de trabalho não corresponde, mas faz surgir uma relação de emprego. Terceiro, porque se cria um círculo vicioso e teratológico acerca das idéias de contrato de trabalho e relação de emprego.

4. Teoria Contratualista Moderna

Dentro da busca dos aspectos comuns da relação de emprego com figuras jurídicas que lhe sejam correlatas (gênero próximo), hoje resta assentado que esta possui nítida natureza contratual.

A natureza contratual se afirma por ser o elemento vontade essencial à configuração da relação de emprego. A vontade é a projeção da liberdade em uma relação jurídica concreta.

Não se trata da vontade direcionada ao conteúdo do vínculo de emprego, mas para definir sobre a efetiva formalização do referido vínculo.

Trata-se de relação contratual que tem por objeto uma obrigação de fazer, prestada de forma não eventual, subordinada, onerosa e pessoal no tocante ao prestador dos serviços.

A diferença entre a relação contratual empregatícia e as demais relações jurídicas contratuais não se resume no seu objeto (prestação do trabalho), mas no *modus operandi* de sua execução (modo de realização da prestação do trabalho), ou seja, em estado de subordinação.

Não há conteúdo específico inerente ao contrato de trabalho, abrangendo qualquer obrigação de fazer lícita e possível, desde que realizada em estado de subordinação, com pessoalidade, não eventualidade e onerosidade.

III GRUPO ECONÔMICO

Este tema foi abordado na prova subjetiva do seguinte concurso da Magistratura do Trabalho:

À luz do § 2º do art. 2º da CLT e sua aplicação segundo a jurisprudência sumulada do Tribunal Superior do Trabalho, defina e exemplifique os casos de solidariedade ativa e passiva no âmbito do contrato de trabalho. (Concurso nº 01/2007 da Magistratura do TRT-3ª Região)

1. Definição

De acordo com a norma prevista no art. 2º, § 2º, da CLT, sempre que uma ou mais empresas, tendo, embora, cada uma delas, personalidade jurídica própria, estiverem sob a direção, controle ou administração de outra, constituindo grupo industrial, comercial ou de qualquer outra atividade econômica, serão, para os efeitos da relação de emprego, solidariamente responsáveis a empresa principal e cada uma das subordinadas.

Por sua vez, o art. 3º, § 2º, da Lei nº 5.889/1973 estabelece que, sempre que uma ou mais empresas, embora tendo cada uma delas personalidade jurídica própria, estiverem sob direção, controle ou administração de outra, ou ainda quando, mesmo guardando cada uma sua autonomia, integrem grupo econômico ou financeiro rural, serão responsáveis solidariamente nas obrigações decorrentes da relação de emprego.

A partir dos dispositivos legais acima destacados, podemos definir grupo econômico como sendo o instituto que nasce a partir da vinculação existente entre duas ou mais empresas que se tenham favorecido, de forma direta ou indireta, do trabalho advindo de um mesmo contrato, em decorrência de nexos de direção ou coordenação inerentes ao empreendimento econômico comum.

A construção deste instituto encontra-se no bojo da tendência de ampliação das garantias de satisfação dos créditos trabalhistas, impondo responsabilidade a quem, de alguma forma, se beneficiou da prestação de serviços do empregado.

Restando caracterizada a figura jurídica do grupo econômico, o empregado pode exigir de todos os componentes do grupo econômico ou de qualquer deles o pagamento por inteiro dos seus créditos trabalhistas, ainda que somente tenha prestado serviços para uma determinada empresa do respectivo grupo.

Também é certo que, em conseqüência, segundo corrente jurisprudencial predominante, as empresas integrantes do grupo econômico podem se beneficiar do trabalho do empregado contratado por apenas uma delas, dentro da mesma jornada de trabalho, sem que isto configure um novo contrato de trabalho.

2. Caracterização

Como características inerentes ao grupo econômico, a doutrina destaca três aspectos componentes.

No aspecto objetivo, a configuração do grupo econômico não depende da prévia constituição de modalidades jurídicas inerentes ao Direito Econômico ou Comercial (*holdings*, consórcios, *pools* etc.), sendo desnecessária a comprovação de sua regular formalização cartorial, desde que configurados os nexos de direção ou coordenação previstos nos arts. 2º, § 2º, da CLT, e 3º, § 2º, da Lei nº 5.889/1973.

No aspecto subjetivo, apenas os entes com dinâmica e fins econômicos (empresas) é que podem integrar o grupo econômico. Em regra, são pessoas jurídicas, mas podem ser entes despersonificados (ex: massa falida), ou até mesmo pessoas físicas (empresa individual), desde que ajam como agentes econômicos típicos (empresários).

Por último, no aspecto inter-relacional, duas correntes se destacam: a primeira, que restringe a configuração do grupo econômico à efetiva existência do nexo de direção hierárquica entre suas empresas componentes, nos exatos termos do art. 2º, § 2º, da CLT; e a segunda, que reduz à existência de mera coordenação entre as empresas do grupo o nexo relacional exigido pela ordem jurídica, consoante a regra contida no art. 3º, § 2º, da Lei nº 5.889/1973.

Registre-se que a primeira corrente é incompatível com a tendência inerente ao Direito do Trabalho de ampliação das garantias de satisfação dos créditos trabalhistas, em razão da natureza alimentar ou subsistencial destes últimos.

3. Solidariedade

É certo que, por força dos arts. 2º, § 2º, da CLT, e 3º, § 2º, da Lei nº 5.889/1973, o grupo econômico acarreta a solidariedade de todas as empresas integrantes. Todavia, quanto à abrangência desta solidariedade, a doutrina se divide em duas correntes.

Segundo alguns autores, o grupo econômico impõe como efeito jurídico a solidariedade exclusivamente passiva entre as empresas componentes com relação aos créditos derivados do contrato de trabalho celebrado por qualquer destes entes. A favor desta tese, o texto do art. 3º, § 2º, da Lei nº 5.889/1973, ao se reportar à solidariedade "*nas obrigações decorrentes da relação de emprego*".

De acordo com corrente oposta, além da solidariedade passiva, que seria incontroversa, somar-se-ia também a solidariedade ativa das empresas componentes do grupo econômico em relação ao mesmo contrato de trabalho, configurando a chamada "*solidariedade dual*".

Em suma, todos os entes integrantes do grupo seriam, ao mesmo tempo, empregadores e não somente garantidores de créditos trabalhistas. Nasce, a partir daí, o conceito de "*empregador único*". A favor desta tese, o texto do art. 2º, § 2º, da CLT, ao se reportar à solidariedade "*para os efeitos da relação de emprego*".

Este último é que vem sendo o posicionamento adotado pela jurisprudência uniforme do C. Tribunal Superior do Trabalho, conforme se verifica em sua Súmula 129, ao dispor que a prestação de serviços a mais de uma empresa do mesmo grupo econômico, durante a mesma jornada de trabalho, não caracteriza a coexistência de mais de um contrato de trabalho, salvo ajuste em contrário.

Dessa forma, a jurisprudência do C. Tribunal Superior do Trabalho aderiu à tese da solidariedade dual (ativa e passiva), constituindo a figura do "*empregador único*".

A partir da construção dessa nova figura do empregador único, passou a carecer de fundamento o entendimento enunciado na Súmula 205 do C. Tribunal Superior do Trabalho, que, por isso, foi cancelada.

Dispunha o posicionamento sumulado no sentido de que o responsável solidário, integrante do grupo econômico, que não participou da relação processual como reclamado e que, portanto, não constou no título executivo judicial como devedor, não poderia ser sujeito passivo na execução.

Com a adoção da teoria da responsabilidade dual, mesmo não constando do título executivo judicial, a empresa componente do mesmo grupo econômico do devedor poderá ser sujeito passivo na execução, pois a hipótese é de empregador (devedor) único.

IV SUCESSÃO DE EMPREGADORES

Este tema foi abordado na prova prática do seguinte concurso da Magistratura do Trabalho:

O Poder Executivo de determinado Município decretou intervenção em hospital particular, com a finalidade de assegurar a continuidade dos serviços de saúde prestados à população. Tal procedimento configura sucessão de empregadores? Existe alguma responsabilidade do Município pelas dívidas trabalhistas constituídas durante o período de intervenção? Em caso positivo, qual sua extensão e limite? (XXI Concurso da Magistratura do TRT-15ª Região)

1. Introdução

Dentro do contexto das normas trabalhistas cogentes ou de ordem pública, como fruto da intervenção estatal nas relações jurídicas de emprego, a fim de compensar a hipossuficiência econômica do prestador do trabalho, os arts. 10 e 448 da Consolidação das Leis do Trabalho enunciam, respectivamente:

> *Qualquer alteração na estrutura jurídica da empresa não afetará os direitos adquiridos por seus empregados.*
>
> *A mudança na propriedade ou na estrutura jurídica da empresa não afetará os contratos de trabalho dos respectivos empregados.*

De acordo com os preceitos acima transcritos, qualquer alteração na estrutura jurídica ou na titularidade do empreendimento empresarial não pode afetar os direitos adquiridos e os contratos de trabalho dos respectivos empregados.

Os arts. 10 e 448 da CLT disciplinam, na verdade, o instituto da "*sucessão trabalhista*" ou da "*sucessão de empregadores*", que consistiria na única modalidade de alteração subjetiva contratual admitida em uma relação jurídica de emprego, haja vista o requisito da pessoalidade (*intuitu personae*) inerente à figura do empregado no âmbito do vínculo empregatício.

Em resumo, enquanto a pessoalidade no tocante ao prestador dos serviços é pressuposto indispensável à configuração da relação empregatícia, a impessoalidade é aspecto inerente ao empregador.

A sucessão trabalhista decorre do fenômeno da despersonificação da figura do empregador a ser extraído do próprio conceito previsto no art. 2º, *caput*, da CLT, *in verbis*: "*Considera-se empregador a empresa, individual ou coletiva, que, assumindo os riscos da atividade econômica, admite, assalaria e dirige a prestação pessoal de serviço*".

Na verdade, ao contrário do que poderia levar a crer uma interpretação meramente gramatical ou literal da norma acima transcrita, a definição celetista de empregador não tem por escopo atribuir à empresa, enquanto atividade economicamente organizada, a qualidade de sujeito de direito, mas de destacá-la no contexto da relação jurídica de emprego.

A despersonalização do empregador assegura a efetividade do princípio da continuidade da relação de emprego, impedindo a ruptura dos contratos de trabalho em razão da alteração da estrutura jurídica ou da titularidade da atividade econômica.

Dessa forma, o Direito do Trabalho autoriza a alteração subjetiva contratual, sem prejuízo da preservação completa dos contratos de trabalho com relação ao novo titular do empreendimento.

2. Sucessão de Empregadores

A sucessão de empregadores consiste no instituto trabalhista que se opera no contexto de transferência de titularidade de empresa ou estabelecimento, ou de alteração de sua estrutura jurídica, acarretando transmissão de créditos e assunção de dívidas trabalhistas entre o sucedido e o sucessor.

Segundo a doutrina clássica, as situações de sucessão trabalhista deveriam vir acompanhadas da continuidade da prestação dos serviços pelos respectivos empregados.

No entanto, comungamos da doutrina mais moderna, quando se posiciona no sentido de que a sucessão pode se verificar sem que haja a continuidade da prestação dos serviços, quando essas alterações no âmbito da empresa ou apenas de um ou alguns estabelecimentos afetem, direta ou indiretamente, os respectivos contratos de trabalho.

Isso porque o objetivo da sucessão trabalhista é a garantia de que qualquer alteração no empreendimento empresarial não afete os contratos de trabalho. Ocorrida essa mudança, operar-se-á a sucessão de empregadores, independente da continuidade efetiva da prestação dos serviços pelos empregados.

Dentro dessa mesma idéia, configura-se também o instituto sucessório quando da alienação de parte significativa do(s) estabelecimento(s) ou da empresa, de forma a afetar a garantia original dos contratos de trabalho.

Para que se configure a sucessão trabalhista, a transferência deve alcançar ao menos uma fração empresarial que corresponda à noção de unidade econômico-jurídica, sendo perfeitamente compatível com este instituto qualquer título jurídico hábil a efetuar essa transferência de universalidades.

O principal efeito jurídico da sucessão de empregadores é a transferência automática de direitos e obrigações contratuais do antigo titular do empreendimento para o novo titular, respondendo este último por todas as obrigações decorrentes dos contratos de trabalho dos empregados que se encontram ou se encontraram vinculados àquela atividade econômica.

Por conseqüência, qualquer cláusula contratual que estabeleça isenção de responsabilidade do sucessor no tocante às obrigações trabalhistas anteriores ao ato de transferência e/ou alteração empresarial é destituída de valor jurídico no âmbito do Direito do Trabalho, em razão da natureza cogente das normas que regem o instituto sucessório. Neste caso, restará ao sucessor apenas o ajuizamento de ação de regresso em face do sucedido, na seara jurídica apropriada.

Dessa forma, o sucessor acaba por assumir, na integralidade, a qualidade de empregador, respondendo por toda a história dos contratos de trabalho vinculados à atividade econômica adquirida.

Nesse sentido, cite-se o posicionamento contido na OJ nº 261 da SBDI-1 do C. Tribunal Superior do Trabalho: *As obrigações trabalhistas, inclusive as contraídas à época em que os empregados trabalhavam para o banco sucedido, são de responsabilidade do sucessor, uma vez que a este foram transferidos os ativos, as agências, os direitos e deveres contratuais, caracterizando típica sucessão trabalhista.*

É certo, contudo, que a jurisprudência vem se posicionando pela responsabilização subsidiária do sucedido quando a sucessão trabalhista tenha propiciado um comprometimento das garantias estabelecidas aos contratos de trabalho, desde que não esteja comprovado o intuito fraudulento.

Configurada, outrora, a existência de fraude no ato de alienação empresarial, sempre pugnamos pela aplicação da responsabilidade solidária do sucedido, com arrimo no art. 942 do Código Civil vigente (antigo art. 1.518 do Código Civil de 1916).

2.1. Sucessão Trabalhista em Concessões de Serviço Público

No contexto da alteração de empresa concessionária de serviço público, vem sendo prestigiado pela doutrina o entendimento no sentido de que, se a nova empresa concessionária vier a assumir o acervo da anterior ou manter parte das relações jurídicas contratadas pela precedente, esta última se submete às regras dos arts. 10 e 448 da CLT.

Nesse sentido, a eminente jurista Alice Monteiro de Barros (Curso de Direito do Trabalho, 2ª ed., São Paulo: LTr, p. 373):

> Relativamente à concessão de serviço público, a sucessão poderá ocorrer quando o novo concessionário adquire não só atribuições, mas também bens materiais da antiga concessionária.
> (...)
> Na hipótese de a concessionária não adquirir máquinas e equipamentos da antiga concessionária, a jurisprudência afasta também a sucessão.

Mauricio Godinho Delgado (Curso de Direito do Trabalho, 5. ed., São Paulo: LTr, p. 412) também esclarece:

> (...) prepondera já antigo entendimento de que, assumindo a nova empresa concessionária o acervo da anterior ou mantendo parte das relações jurídicas contratadas pela precedente, submete-se às regras imperativas dos dois preceitos celetistas, impositivos de obrigações e direitos trabalhistas prévios. Este caso (como os das privatizações) não escapa, pois, à regra geral relativa à sucessão de empregadores.

Vale registrar, ainda, o entendimento consubstanciado na OJ nº 225 da SBDI-1 do C. Tribunal Superior do Trabalho:

> Celebrado contrato de concessão de serviço público em que uma empresa (primeira concessionária) outorga a outra (segunda concessionária), no todo ou em parte, mediante arrendamento, ou qualquer outra forma contratual, a título transitório, bens de sua propriedade: I – em caso de rescisão do contrato de trabalho após a entrada em vigor da concessão, a segunda concessionária, na condição de sucessora, responde pelos direitos decorrentes do contrato de trabalho, sem prejuízo da responsabilidade subsidiária da primeira concessionária pelos débitos trabalhistas contraídos até a concessão; II – no tocante ao contrato de trabalho extinto antes da vigência da concessão, a responsabilidade pelos direitos dos trabalhadores será exclusivamente da antecessora.

A jurisprudência uniformizada do C. Tribunal Superior do Trabalho firmou-se no sentido de reconhecer a sucessão trabalhista entre a Rede Ferroviária Federal S.A. e as empresas que firmaram contrato de arrendamento de malhas ferroviárias resultante da concessão de exploração de serviço público.

Trata-se de uma sucessão atípica, onde não houve mudança na propriedade com o surgimento de um novo titular. A transferência de uma parte da malha ferroviária que pertence à Rede Ferroviária Federal para outras empresas concessionárias vem sendo interpretada pela jurisprudência trabalhista da C. Corte Superior como concessão do Poder Público para explorar trecho de transporte ferroviário efetivada mediante contrato de arrendamento.

O reconhecimento da ocorrência de sucessão está vinculado ao fato de que a empresa concessionária passou a explorar atividade antes desenvolvida pela Rede Ferroviária Federal, assumindo os contratos de trabalho até então mantidos pela sucedida.

Quanto à responsabilidade da nova empresa concessionária, a C. Corte firmou entendimento no sentido de reconhecer a sucessão trabalhista entre as empresas, resultante do contrato de concessão de exploração de serviço público; reconhecendo, ainda, que se trata de uma sucessão atípica, na qual a sucedida mantém a titularidade dos bens destinados à exploração do serviço público, sendo da responsabilidade das empresas que prosseguiram na exploração de trecho ferroviário da Rede Ferroviária Federal os direitos dos empregados cujos contratos de trabalho não foram rescindidos antes da entrada em vigor do contrato de concessão.

2.2. Sucessão Trabalhista em Intervenções do Poder Público

Segundo a jurisprudência majoritária, a mera intervenção do Poder Público na administração e gestão de pessoas jurídicas de direito privado não promove alteração na estrutura jurídica ou na titularidade do empreendimento empresarial, que prossegue em nome do seu respectivo titular, não acarretando a sucessão de empregadores prevista nos arts. 10 e 448 da CLT.

Neste sentido, os precedentes abaixo:

> "Agravo de instrumento. Recurso de revista. Hospital privado. Intervenção do município. Responsabilidade solidária – A Corte Regional considerou que, por força da intervenção assumiu o Estado apenas a obrigação de gerir o hospital, para cumprir os objetivos do SUS, pelo período necessário à eliminação dos fatos que ocasionaram a intervenção, o que não implica em sucessão de empresas ou gera alteração na estrutura jurídica ou na propriedade da pessoa jurídica. Nesse contexto, a interpretação dada pelo Regional não enseja afronta aos arts. 10 e 448 da CLT". (TST-AIRR – 437/2004-073-15-40, 3ª T., Rel. Min. Carlos Alberto Reis de Paula, DJ de 23/11/2007)
>
> "Entidade de direito privado. Intervenção Estatal. Inocorrência de sucessão trabalhista, salvo se a titularidade da empresa for transferida para o Poder Público. A intervenção do Estado na atividade do particular ocorre para resguardar o interesse público. Sua condição é de provisoriedade e não transfere ao governo interventor o ônus da sucessão trabalhista, salvo se, no interesse público, houver a transferência da titularidade da empresa em favor do Estado por expropriação".
> (TRT-15ª R., Processo nº 24.061/96-9, Rel. Fany Fajerstein)
>
> "Direito do Trabalho – Intervenção do Poder Público em hospital conveniado com SUS. Sucessão de empregadores. Inocorrência. Responsabilidade solidária ou subsidiária do interventor. Inviabilidade. Intervenção do Poder Público em hospital

conveniado com o SUS para garantir a continuidade da execução de serviços de assistência médica à população, nos termos dos arts. 196 a 200 da Constituição Federal de 1988, não caracteriza, para fins trabalhistas, sucessão de empregadores (arts. 10 e 448, da CLT)". (TRT-15ª R., Processo nº 029225/2000-RO-2, Rel. José Antônio Pancotti)

"Intervenção. Fazenda pública. Assunção da figura de empregador. Impossibilidade. A intervenção não configura, em hipótese alguma, a sucessão trabalhista de que tratam os arts. 10 e 448, da Consolidação das Leis do Trabalho, sobretudo porque esta não altera a propriedade ou a titularidade da empresa, mas apenas retira de seus proprietários a administração do empreendimento. Os atos praticados pelo interventor são praticados em nome da entidade e não em nome do Estado. Nesse sentido, ainda que os atos de contratação e de demissão tenham sido praticados por interventor nomeado pelo Governo do Estado de São Paulo, o verdadeiro empregador deve permanecer no pólo passivo da presente ação.

Intervenção. Fazenda pública. Vínculo de emprego. Não ocorrência. A intervenção governamental se faz no legítimo exercício do Poder de Polícia inerente ao Poder Público, em razão de distorções praticadas, com real prejuízo para a coletividade, pela direção de determinada entidade que exerce atividade de interesse público. Por ser temporária a intervenção (deve durar apenas o tempo necessário para o restabelecimento da ordem e da segurança públicas que ela objetivou resguardar), o interventor nomeado exerce uma função pública de gerência dos bens e direitos sob intervenção, também temporária, em nome do Estado interveniente, sendo certo que os atos praticados por este são de mera administração e não objetivam qualquer benefício para o Estado. Daí por que se concluir que o Estado não assume o risco empresarial e não objetiva auferir para si qualquer lucro – o único interesse é o bem da coletividade – o que exclui irremediavelmente a caracterização da 'sucessão' empresarial, nos termos dos arts. 10 e 448 da Consolidação das Leis do Trabalho". (TRT-15ª R., Processo nº 27.439/2002-RO-5, Rel. Olga Aida Joaquim Gomieri)

Se, todavia, restar comprovado o caráter permanente do ato de intervenção, ou posterior desapropriação, a jurisprudência se posiciona pela ocorrência da sucessão de empregadores, em face da mudança de titularidade, passando o ente público a responder exclusivamente (ou até mesmo de forma solidária) pelas obrigações trabalhistas dos respectivos contratos de trabalho, na condição de legítimo sucessor.

É o que se depreende dos arestos abaixo ementados:

"Responsabilidade solidária. Intervenção em hospital. Com a intervenção, e conseqüente desapropriação, configurou-se a figura da sucessão, pois o estado tomou posse, na forma da lei, dos recursos materiais e humanos, passando a gerir o hospital integralmente. Deve, portanto, ser responsável solidário pelas verbas oriundas do contrato de trabalho celebrado com o primeiro reclamado. Revista a que se nega provimento". (TST-RR-35633/1991, 1ª T. Rel. Min. Afonso Celso, DJU 18/09/1992)

"Agravo de instrumento. Desprovimento. Responsabilidade solidária. Sucessão. 1. As instâncias probatórias assinalaram o caráter permanente da intervenção do Município no Hospital empregador, reconhecendo, assim, a ocorrência de sucessão. 2. Os arts. 10 e 448 da Consolidação das Leis do Trabalho são subsídio legal para a determinação da responsabilidade solidária do sucessor." (TST-AIRR-25.950/2002-900-09-00.1, 3ª T., Rel. Min. Maria Cristina Irigoyen Peduzzi, DJ de 25/06/2004)

"Recurso de revista – Vínculo de emprego com hospital particular antes da Constituição Federal de 1988 – Intervenção do Município – Desapropriação pelo Estado Federado – Sucessão – Responsabilidade do Estado por eventuais débitos trabalhistas – Alegação de ofensa ao inciso II do art. 37 da Constituição Federal – Ausência de Prequestionamento. Hipótese em que os Reclamantes foram admitidos, antes da vigência da Constituição Federal de 1988, para trabalhar em hospital particular e, posteriormente, demitidos, quando em vigor aquela Constituição, em decorrência de intervenção do Município no Hospital. Após a intervenção, o Estado Federado desapropriou o Hospital, razão pela qual foi declarada a sucessão, e condenado o Estado a responder pelo débito trabalhista, inclusive com anotação da Carteira de Trabalho e Previdência Social (CTPS) dos Reclamantes. Inexistência de debate sobre a alegada ofensa ao art. 37, II, da Constituição Federal de 1988. Preclusão (Enunciado nº 297 do TST). Recursos de Revista do Estado e do Ministério Público do Trabalho não conhecidos." (TST-RR-717.097/2000.1, Rel. Juiz Convocado Waldir Oliveira da Costa, 5ª T., DJ de 26/04/2002)

"Responsabilidade solidaria – Intervenção em hospital. Com a intervenção, e conseqüente desapropriação, configurou-se a figura da sucessão, pois o Estado tomou posse, na forma da lei, dos recursos materiais e humanos, passando a gerir o hospital integralmente. Deve, portanto, ser responsável solidário pelas verbas oriundas do contrato de trabalho celebrado com o primeiro reclamado. Revista a que se nega provimento". (TST-RR-35.633/1991.5, 1ª T., Rel. Min. Afonso Celso, DJ de 18/09/1992)

"Desapropriação. Ilegitimidade de parte do expropriado. Operada a sucessão por ato de desapropriação do estabelecimento empregador, o expropriado passa a ser parte ilegítima para figurar no pólo passivo da reclamação trabalhista, a qual deve ser direcionada ao novo empregador, o Poder Público expropriante, que assume a propriedade, domínio e direção do estabelecimento de forma definitiva." (TST-RR-533.104/1999.0, 4ª T., Rel. Juiz Convocado Luiz Antônio Lazarim, DJ 19/03/2004)

> "Recurso de revista. Ilegitimidade passiva *ad causam* do hospital Augusto de Oliveira Camargo. (Divergência jurisprudencial). A hipótese versada nos autos gira em torno da tradicional sucessão trabalhista, tal como prevista pelos arts. 10 e 448 da Consolidação das Leis do Trabalho e pela doutrina consagrada, razão pela qual merece ser reconhecida a ilegitimidade passiva do Hospital Augusto Oliveira Camargo, com a sua conseqüente exclusão da lide. É que, *in casu*, o que se operou foi uma verdadeira mudança de propriedade e estrutura jurídica da entidade de índole privada para o Município, via ato interventivo e expropriatório (Decreto Municipal nº 4.163/1989), de sorte que o poder público, na qualidade de novo titular do órgão hospitalar, passou a assumir-lhe o efetivo controle. Recurso de revista conhecido e não provido." (TST-RR- 564.355/1999.6, 2ª T., Rel. Min. Renato de Lacerda Paiva, DJ de 07/11/2003)

Ao assumir de modo permanente a titularidade das atividades desenvolvidas pelo ente privado, via ato interventivo e expropriatório, o Poder Público passa a gerenciar não somente a parte administrativa da entidade, como, inclusive, absorve toda a sua estrutura jurídica.

É que, no caso, de desapropriação, opera-se uma verdadeira mudança de propriedade e estrutura jurídica da entidade de índole privada para o ente público, de sorte que o Poder Público, na qualidade de novo titular do empreendimento, passa a assumir o seu efetivo controle. E, em circunstâncias típicas de sucessão trabalhista, o sucessor se obriga até mesmo pelos débitos relativos aos contratos de trabalho mantidos com a sucedida e rescindidos antes da sucessão.

2.3. Sucessão Trabalhista no Processo de Recuperação Judicial previsto na Lei nº 11.101/2005

Com o advento da Lei nº 11.101, de 09 de fevereiro de 2005, que regula a recuperação judicial, a extrajudicial e a falência do empresário e da sociedade empresária, grande controvérsia doutrinária e jurisprudencial se instaurou acerca da possibilidade ou não de ocorrência da sucessão trabalhista no bojo do processo de recuperação judicial.

No que diz respeito à falência, o art. 141, inciso II, da Lei nº 11.101/2005 é expresso ao dispor que na alienação conjunta ou separada de ativos, inclusive da empresa ou de suas filiais, o objeto da alienação estará livre de qualquer ônus e não haverá sucessão do arrematante nas obrigações do devedor, inclusive as de natureza tributária, as derivadas da legislação do trabalho e as decorrentes de acidentes de trabalho.

Assim sendo, na alienação de ativos em procedimento falimentar, o legislador ordinário foi enfático ao vedar a sucessão do arrematante nas obrigações trabalhistas do devedor.

No tocante ao procedimento de recuperação judicial, após explicitar a possibilidade de o plano de recuperação judicial aprovado envolver alienação judicial de filiais ou de unidades produtivas isoladas do devedor (art. 60, *caput*, da Lei nº 11.101/2005), o legislador não foi tão emblemático como outrora, limitando-se a dispor que o objeto da alienação estará livre de qualquer ônus e não haverá sucessão do arrematante nas obrigações do devedor, inclusive as de natureza tributária (art. 60, parágrafo único, da Lei nº 11.101/2005).

Inicialmente, merece destaque que a norma contida no parágrafo único do art. 60 da Lei nº 11.101/2005 não veda expressamente a sucessão trabalhista, como o faz a norma prevista no art. 141, inciso II, da mesma lei, quando trata da alienação de ativos na falência, reportando-se tão-somente às obrigações do devedor de natureza tributária.

Nem haveria falar em interpretação extensiva do aludido preceito, a fim de justificar a vedação à configuração da sucessão trabalhista, por não ser concebível, em hermenêutica, atribuir-se interpretação extensiva a norma jurídica de caráter restritivo, como a que se encontra em estudo.

Ainda que superada a argumentação acima, posicionamo-nos, à luz da própria principiologia do Direito do Trabalho, pela efetiva ocorrência da sucessão de empregadores no procedimento de recuperação judicial, senão, vejamos.

Quando da alienação de filiais ou de unidades produtivas isoladas do devedor, ainda que se refira à fração do respectivo empreendimento, não se pode negar que a atividade econômica a ser operada pelo arrematante será a mesma antes dirigida pelo devedor.

O que ocorre é tão-somente a mudança da titularidade dessa unidade técnico-produtiva, que, por força de normas cogentes trabalhistas – arts. 10 e 448 da CLT – não poderá afetar os direitos adquiridos e os contratos de trabalho dos empregados vinculados a essa fração empresarial.

A continuidade ou não da prestação de serviços por parte dos respectivos empregados pode até mesmo corroborar, mas nunca afastar a configuração da sucessão trabalhista, por já não consistir em pressuposto indispensável à ocorrência desse instituto, de acordo com a melhor doutrina contemporânea.

O princípio da proteção do empregado, extraído da imperatividade das normas trabalhistas, incluídas aquelas enunciadas nos arts. 10 e 448 da CLT, dentro da sua finalidade de auxiliar ao intérprete, também conduz à exegese no sentido de ampliação das garantias de satisfação dos créditos trabalhistas e de inalterabilidade objetiva dos contratos de trabalho.

Por sua vez, diante do conflito aparente de normas, o princípio da norma mais favorável induz, inexoravelmente, à aplicação dos artigos que fundamentam a configuração do instituto sucessório, por ser, sem dúvida, mais benéfica à classe trabalhadora.

O princípio do *in dubio pro operario* autoriza, ainda, que seja aplicada a interpretação acerca do disposto no art. 60, parágrafo único, da Lei nº 11.101/2005 que mais atenda aos anseios dos obreiros envolvidos, no caso, a garantia de manutenção dos direitos conquistados pela categoria e de satisfação dos créditos trabalhistas porventura pendentes.

Ademais, os princípios constitucionais da dignidade da pessoa humana, da valorização social do trabalho, da justiça social, da solidariedade, da função social da propriedade, dentre outros já citados, nos forçam à adoção de exegese que se encontre em perfeita sintonia com a preservação de direitos sociais fundamentais do trabalhador.

Frise-se que o art. 47 da Lei nº 11.105/2005, ao enumerar os objetivos da recuperação judicial, além de se reportar à superação da crise econômico-financeira do devedor e à preservação da empresa, não perde de vista a função social inerente a esta última, que encontra na força de trabalho um dos seus principais fatores de produção.

Não podemos defender, em nome da preservação da empresa e da fonte produtora, a supressão da garantia de cumprimento das obrigações contratuais trabalhistas, sob pena de estarmos alçando a patamar privilegiado o direito de propriedade, em contraposição à sua função social.

Para aqueles que sustentam a inviabilidade do procedimento de recuperação judicial na ocorrência da sucessão trabalhista, rogamos que abstraiam, ao menos por um momento, o nítido objetivo de tutela empresarial da Lei nº 11.101/2005 e, sob a ótica do empregado, vislumbrem o alto preço com que a classe trabalhadora teria de arcar, em nome da preservação da empresa e a manutenção de um, muitas vezes, reduzidíssimo número de postos de trabalho.

Cumpre salientar, ainda, que a alienação de ativos da empresa devedora não é novidade instituída pela Lei nº 11.101/2005, sendo mecanismo assaz utilizado no setor privado, mormente no segmento bancário, que sempre contou com a jurisprudência trabalhista prevalente no sentido da configuração da sucessão de empregadores.

Dessa forma, não é neste momento que a Justiça do Trabalho, a quem compete constitucionalmente apreciar e julgar controvérsias oriundas das relações de trabalho, inclusive o reconhecimento da sucessão trabalhista, nos moldes dos arts. 10 e 448 da CLT, deve rever seu posicionamento, atribuindo à norma jurídica interpretação em desconformidade com os princípios específicos deste ramo jurídico especializado.

A partir do estudo da evolução histórica do Direito do Trabalho, que se confunde com a própria história das formas de exploração do trabalho humano, descortinando suas origens e objetivos, e da análise de importantes princípios que informam a ciência jurídica trabalhista, não vislumbramos como deixar de reconhecer a sucessão de empregadores na alienação de unidades produtivas do devedor no procedimento de recuperação judicial.

Não se pode, com base no sofisma de que os fins justificam os meios, aceitar pacificamente a flagrante redução da garantia de satisfação das obrigações contratuais trabalhistas da classe trabalhadora, assim como a pulverização de direitos adquiridos pela categoria, em nome da preservação da empresa, enquanto atividade econômica organizada.

Ressalte-se, outrossim, ser essa mesma preservação da atividade econômica, tão almejada pela Lei nº 11.101/2005, que, não obstante a mudança da titularidade do respectivo empreendimento empresarial, constitui o pressuposto principal da configuração da sucessão de empregadores, nos moldes dos arts. 10 e 448 da CLT.

A natureza especial e cogente ou de ordem pública das normas trabalhistas que disciplinam o instituto sucessório deve assegurar a plenitude de sua eficácia, não se deixando atingir por estuário normativo não condizente com os princípios basilares do ramo jurídico trabalhista.

Sempre certo de que o presente estudo está longe de esgotar todos os importantes aspectos relacionados a esta instigante questão, e de que são merecedoras do profundo respeito todas as demais teses em sentido contrário, que vêm sendo veiculadas pelas mais respeitadas vozes doutrinárias da seara jurídica, clamo a todos os operadores do Direito de Trabalho que reacendamos a efetividade dos princípios ínsitos à nossa disciplina, a fim de que importantes conquistas adquiridas ao longo do tempo pela classe trabalhadora não se transformem em meras referências históricas, em prol de uma funesta continuidade da atividade empresarial.

O trabalho, sendo um dos principais fatores produtivos, não pode ser considerado como o único e responsável direto pelos entraves à continuidade da atividade econômica.

O Direito do Trabalho possui raízes históricas e princípios basilares que não podem nem devem ser desconsiderados, sob pena de estarmos, de certa forma, contribuindo para que esta nossa ciência jurídica especializada seja, aos poucos, destituída de sua autonomia e, mais tarde, se torne mero apêndice do antigo Direito Civil, ou do recente Direito Empresarial.

Nesse sentido, cumpre salientar as lições de Mauricio Godinho Delgado (*Curso de Direito do Trabalho*, 5. ed., São Paulo: LTr, p. 418/419):

> No tocante à recuperação judicial, esta não abrangência resulta de interpretação lógico-sistemática da nova lei, uma vez que semelhante vantagem somente foi concedida para os casos de falência, conforme inciso II e § 2º do art. 141, preceitos integrantes do capítulo legal específico do processo falimentar. Nada há a respeito

> da generalização da vantagem empresarial nos dispositivos comuns à recuperação judicial e à falência, que constam do capítulo II do mesmo diploma legal (arts. 5º até 46). Além disso, o art. 60 e seu parágrafo único, regras integrantes do capítulo regente da recuperação judicial, não se referem às obrigações trabalhistas e acidentárias devidas aos empregados, embora concedam a vantagem excetiva (ausência de sucessão) quanto às obrigações de natureza tributária. Por fim, estes mesmos dispositivos (art. 60, *caput* e parágrafo único) somente se reportam ao § 1º do art. 141, mantendo-se, significativamente silentes quanto às regras lançadas no inciso II e § 2º do citado art. 141 (estas, sim, fixadoras da ausência de sucessão trabalhista).

Adotando posicionamento em contrário, Alice Monteiro de Barros (*Curso de Direito do Trabalho*, 2. ed., São Paulo: LTr, p. 372):

> Há sucessão quando a empresa é adquirida em hasta pública? A resposta é não, em face do art. 141, II, da nova Lei de Falência.
> Uma vertente doutrinária anterior à nova Lei de Falência vinha admitindo a sucessão mesmo que a empresa fosse adquirida em hasta pública, embora a jurisprudência se manifestasse em contrário. Entendemos que a aquisição da empresa ou de um de seus estabelecimentos, por meio de arrematação judicial não se assemelha a um contrato de compra e venda, pois a expropriação é forçada e advém de ato processual unilateral do Estado, sem qualquer participação do devedor, a quem o Juiz não representa. Nesse sentido são os arts. 60, parágrafo único, e 141, II, da Lei nº 11.101, de 9 de fevereiro de 2005.

Por derradeiro, cumpre destacar que se encontra pendente de julgamento no C. Superior Tribunal de Justiça conflito positivo de competência entre os Juízos Trabalhista e Empresarial, para decidir sobre sucessão de obrigações trabalhistas no âmbito do processo de recuperação judicial.

Enquanto não se ultima esse julgamento, a C. Corte Superior vem sustando liminarmente as antecipações de tutela concedidas e demais atos cautelares e executórios praticados pela Justiça do Trabalho até que se defina o juiz competente para decidir sobre a sucessão das obrigações trabalhistas de empresa que teve ativo alienado no processo de recuperação judicial. (AgRg no CC 61272/RJ, 2ª Seção, Rel. Min. Ari Pargendler, DJ de 09/11/2006; e AgRg no CC 73076/RJ, 2ª Seção, Rel. Min. Ari Pargendler, DJ de 22/03/2007)

V ALTERAÇÃO DO CONTRATO DE TRABALHO

Este tema foi abordado nas provas subjetivas dos seguintes concursos públicos do Ministério Público do Trabalho:

Considerando o princípio da irrenunciabilidade aplicável ao Direito do Trabalho, bem como a ilicitude das alterações contratuais previstas na legislação trabalhista, pergunta-se: a promoção pode ser imposta ao trabalhador ou depende de sua anuência para ser efetivada? (Concurso IX do MPT)

É válida norma inserida em contrato individual de trabalho, regulamento de empresa, acordo coletivo ou convenção coletiva que estipule a promoção do empregado por experiência? Explica-se: o empregado promovido exercerá a nova função (com maiores responsabilidades técnicas e aumento salarial) pelo prazo de noventa dias e, após, dependendo do seu desempenho, o empregador poderá tornar definitiva a promoção ou fazer com que o empregado retorne ao posto que ocupava antes da promoção com a correspondente redução salarial? Fundamente a resposta. (Concurso XII do MPT)

1. Introdução

A celebração do contrato de trabalho acarreta o surgimento de um variado número de cláusulas, que devem ser respeitadas pelas partes contratantes.

É certo que grande parte dessas cláusulas contratuais encontra limites nas normas trabalhistas cogentes ou de ordem pública, que instituem o chamado "*contrato mínimo legal*", assim como nos instrumentos coletivos aplicáveis a determinadas categorias e/ou coletividade de trabalhadores.

Neste sentido, o art. 444 da CLT preceitua que "*As relações contratuais de trabalho podem ser objeto de livre estipulação das partes interessadas em tudo quanto não contravenha às disposições de proteção ao trabalho, aos contratos coletivos que lhes sejam aplicáveis e às decisões das autoridades competentes*".

Não obstante a necessidade de observância desse patamar mínimo de direitos previamente estabelecidos pela ordem trabalhista, existe um considerável volume de cláusulas contratuais que podem ser pactuadas a partir do livre exercício da vontade privada das partes, como, por exemplo, aquelas inerentes à função, à modalidade e ao valor do salário, ao horário e à jornada de trabalho, desde que respeitado o limite legal ou convencional obrigatório.

2. Classificação

Os contratos podem sofrer alterações subjetivas e objetivas.

São consideradas alterações contratuais subjetivas aquelas que atingem os respectivos sujeitos contratantes, os quais são substituídos na vigência do contrato.

São alterações contratuais objetivas aquelas que atingem as cláusulas do contrato, ou seja, o conteúdo contratual, ou, até mesmo, circunstâncias envolventes à sua execução, as quais são alteradas ao longo da vigência do pacto.

Nos contratos de trabalho, as alterações subjetivas restringem-se apenas ao pólo passivo da relação de emprego, ou seja, ao empregador, configurando-se o instituto da sucessão trabalhista ou de empregadores, prevista nos arts. 10 e 448 da CLT.

Isso porque um dos requisitos ou elementos estruturais da relação de emprego é a pessoalidade no tocante à figura do empregado. Como se sabe, o contrato de trabalho é *intuitu personae* com relação ao empregado.

Aplica-se a regra da infungibilidade no que se refere ao sujeito ativo do vínculo de emprego, inviabilizando-se alteração contratual subjetiva nesse sentido.

No Direito do Trabalho, a alteração contratual subjetiva se identifica com a sucessão trabalhista ou de empregadores.

2.1. Alterações Objetivas do Contrato de Trabalho

As alterações contratuais objetivas são aquelas que atingem o conteúdo do contrato de trabalho. Podem ser classificadas em qualitativas, quantitativas e circunstanciais.

As alterações contratuais objetivas qualitativas são as que atingem a natureza das prestações contratuais, como, por exemplo, as alterações nas modalidades de trabalho e de função.

As alterações contratuais objetivas quantitativas são as que atingem o montante das prestações contratuais, como as alterações promovidas nos parâmetros de fixação da jornada de trabalho e no valor do salário.

Por fim, as alterações contratuais objetivas circunstanciais são as que atingem a situação inerente ao próprio local de trabalho ou à estrutura organizacional referentes às prestações contratuais, como, por exemplo, as alterações promovidas no local de trabalho e na forma de fornecimento do salário.

2.2.1. Alteração de Função

Conforme já exposto, são consideradas alterações contratuais objetivas qualitativas aquelas que incidem sobre a natureza das prestações pactuadas. E a principal alteração qualitativa que se destaca no cotidiano trabalhista é a alteração de função.

Pode-se entender como *função* o complexo de atividades, atribuições e poderes inerentes ao empregado no contexto da divisão de trabalho adotada na unidade de produção.

Enquanto a função se trata de um conjunto coordenado e estruturado de tarefas, formando um todo unitário, a tarefa é uma atividade laborativa específica, que pode ser comum a mais de uma função.

Em regra, a função a ser exercida pelo empregado será aquela prevista no contrato de trabalho, independentemente da sua formação ou qualificação profissional.

No entanto, a real função exercida pelo empregado se sobrepõe àquela que foi originalmente contratada, assim como a que se extrai da nomenclatura do respectivo cargo. Trata-se, neste caso, da aplicação do princípio da primazia da realidade ("contrato realidade").

Nos termos do art. 456, parágrafo único, da CLT: "*A falta de prova ou inexistindo cláusula expressa a tal respeito, entender-se-á que o empregado se obrigou a todo e qualquer serviço compatível com a sua condição pessoal*".

Não havendo prova sobre a função contratual pactuada, admitir-se-á como prevalente aquela que for compatível com a qualificação profissional do obreiro (*condição pessoal*).

Enquanto as alterações funcionais favoráveis ao empregado são tidas como lícitas (quando acompanhadas das respectivas repercussões contratuais), as desfavoráveis ao obreiro são, em princípio, ilícitas, a teor do art. 468 da CLT.

De acordo com a intensidade lesiva da alteração funcional promovida pelo empregador, esta pode implicar a rescisão indireta do contrato de trabalho. Vide, nesse sentido, o teor do art. 483, alíneas "a" e "d", da CLT.

Algumas alterações funcionais lícitas são enumeradas pela boa doutrina trabalhista (entre os doutrinadores, destaque-se Mauricio Godinho Delgado, *Curso de Direito do Trabalho*, 6. ed., São Paulo: LTr, 2007):

a) As situações excepcionais ou de emergência, que consistem em alterações funcionais de curta duração, em caráter excepcional ou em situações de emergência, sem prejuízo salarial.
b) As substituições de caráter temporário, que são as alterações funcionais que envolvem situações de substituição temporária ou de comissionamento interino. Estas alterações decorrem de fatores previsíveis e inerentes à dinâmica empresarial.

Conforme preconiza o art. 450 da CLT: "*Ao empregado chamado a ocupar, em comissão, interinamente, ou em substituição eventual ou temporária, cargo diverso do que exercer na empresa, serão garantidas a contagem do tempo naquele serviço, bem como volta ao cargo anterior*".

Cite-se, ainda, o entendimento consubstanciado na Súmula 159, item I, do C. Tribunal Superior do Trabalho: "*Enquanto perdurar a substituição que não tenha caráter meramente eventual, inclusive nas férias, o empregado substituto fará jus ao salário contratual do substituído*".

c) As destituições de cargos ou funções de confiança, que são alterações funcionais que decorrem do retorno ao cargo efetivo de emprego que ocupava cargo ou função de confiança.

Preceitua o art. 468, parágrafo único, da CLT: "*Não se considera alteração unilateral a determinação do empregador para que o respectivo empregado reverta ao cargo efetivo, anteriormente ocupado, deixando o exercício de função de confiança*".

Por sua vez, a Súmula 372, item I, do C. Tribunal Superior do Trabalho cristaliza o seguinte entendimento: "*Percebida a gratificação de função por dez ou mais anos pelo empregado, se o empregador, sem justo motivo, revertê-lo a seu cargo efetivo, não poderá retirar-lhe a gratificação tendo em vista o princípio da estabilidade financeira*".

O retorno ao cargo efetivo de empregado ocupante de cargo ou função de confiança denomina-se "*reversão*". Trata-se de exemplo típico do exercício do *jus variandi* extraordinário do empregador, constituindo alteração funcional lícita, nos termos do art. 468, parágrafo único, da CLT.

O retorno ao cargo efetivo anterior de empregado ocupante de cargo efetivo superior denomina-se "*retrocessão*". Por se tratar de alteração funcional lesiva ao empregado, sem autorização normativa, é considerada ilícita.

O retorno ao cargo efetivo anterior de empregado ocupante de cargo efetivo superior, determinado com intuito punitivo, denomina-se "*rebaixamento*". Trata-se penalidade ilícita, em razão da falta de previsão legal específica.

d) A extinção de cargos ou funções, considerando-se válidas as alterações funcionais que decorram da extinção de cargos ou funções, desde que não haja prejuízo moral e patrimonial ao empregado, e que exista afinidade entre as respectivas funções.

e) A alteração de Planos de Cargos e Salários ou de Quadros de Carreira. São consideradas válidas as alterações funcionais decorrentes de alteração de Planos de Cargos e Salários ou de Quadros de Carreira, desde que respeitados a qualificação profissional (ou consignada no contrato) do empregado e o nível salarial anterior.

f) A readaptação funcional, sendo legalmente autorizadas as alterações funcionais de empregados com deficiência física ou mental atestada pela Previdência Social. Não podem ser paradigmas para fins de equiparação salarial, nos exatos termos do art. 461, § 4º, da CLT: "*O trabalhador readaptado em nova função por motivo de deficiência física ou mental atestada pelo órgão competente da Previdência Social não servirá de paradigma para fins de equiparação salarial*".

Quanto à possibilidade ou não de redução salarial na hipótese de readaptação funcional, duas vertentes se destacam: a primeira corrente, minoritária, entende pela possibilidade de redução salarial, desde que não haja efetiva redução da renda mensal do trabalhador, contabilizado o valor do benefício previdenciário; a segunda, majoritária, posiciona-se pela impossibilidade de redução salarial, em razão do disposto nos arts. 7º, inciso VI, da CF/1988 e 461, § 4º, da CLT.

g) A promoção, que consiste no ato pelo qual o empregado é transferido, em caráter permanente, na estrutura de cargos e funções da empresa, de uma categoria ou cargo para outro(a) superior, com efetivas vantagens.

A promoção abrange duas variantes: a horizontal e a vertical.

A promoção horizontal corresponde à evolução funcional ascendente dentro do mesmo cargo ou categoria.

Por sua vez, a promoção vertical corresponde à evolução funcional ascendente para outro cargo ou categoria superior. É a promoção em sentido estrito.

A promoção passa a ser direito do empregado quando da existência de Quadro de Carreira ou de Plano de Cargos e Salários com previsão de promoções alternadas por antiguidade e merecimento. Neste caso, em contrapartida, também constituirá obrigação do obreiro aceitar a respectiva promoção, ressalvada justificativa contratual efetivamente ponderável.

VI EQUIPARAÇÃO SALARIAL

Este tema foi abordado na prova subjetiva do seguinte concurso público da Magistratura do Trabalho:

Embora a idéia de uma igualdade de salário em relação à natureza da função fosse uma aspiração constante do movimento operário, historicamente se consolidou com o Tratado de Versalhes. Como a igualdade salarial depende da verificação de condições objetivas do trabalho prestado, a lei fixa os requisitos em que o trabalho é considerado de igual valor. Disserte sobre o princípio da igualdade salarial e as condições legais impostas pela CLT para equiparação salarial, analisando um a um os requisitos básicos para a isonomia salarial e os impedimentos legais existentes. (XVIII Concurso da Magistratura do TRT-10ª Região)

1. Conceito

O princípio da não-discriminação veda o tratamento salarial diferenciado entre empregados que exerçam as mesmas funções, cumprindo trabalho de igual valor, na mesma localidade, para o mesmo empregador.

A aplicação do princípio isonômico quando do adimplemento da obrigação patronal de pagamento de parcelas remuneratórias é assegurada desde o Tratado de Versalhes (art. 427), ao enunciar: "*O princípio do salário igual, sem distinção de sexo, para um trabalho de igual valor*".

Com relação à preconizada igualdade de gênero, a Convenção nº 100 da OIT, de 1951 (ratificada pelo Decreto Legislativo nº 41.721/1957), assegura, por sua vez, a igualdade de remuneração para a mão-de-obra masculina e feminina por um trabalho de igual valor.

A equiparação salarial consiste na figura jurídica que assegura a identidade de salários entre obreiros que exerçam, simultaneamente, funções idênticas, desempenhando trabalho de igual valor, na mesma localidade, para o mesmo empregador.

2. Denominações

Em matéria de equiparação salarial é comum a utilização de expressões peculiares ao tema, cujo conhecimento deve preceder o estudo da disciplina.

Denomina-se "equiparando" o empregado que veicula a pretensão equiparatória. É o trabalhador que pede a equiparação de salário em relação a outro empregado.

Por sua vez, chama-se "*paradigma*", "*modelo*" ou "*espelho*" o empregado em face de quem se pretende a equiparação salarial. Em suma, é o trabalhador ao qual se compara.

Finalmente, os "paragonados" ou "comparados" são ambos os empregados envolvidos no pleito equiparatório, compreendendo o equiparando e o respectivo paradigma, modelo ou espelho.

3. Requisitos ou Fatos Constitutivos da Equiparação Salarial

Segundo o art. 461, *caput*, da CLT: "*Sendo **idêntica a função**, a todo trabalho de igual valor, prestado ao **mesmo empregador**, na **mesma localidade**, corresponderá igual salário, sem distinção de sexo, nacionalidade ou idade*" (destacamos).

São quatro os requisitos da equiparação salarial, os quais constituem fatos constitutivos do direito:

a) **1º requisito:** ***a identidade de funções***. As funções exercidas pelos empregados devem ser idênticas, independentemente da nomenclatura dos respectivos cargos.

Entende-se como função o conjunto de tarefas, de atribuições, de poderes e atos materiais concretos.

De acordo com o entendimento contido na Súmula 6, item III, do C. Tribunal Superior do Trabalho: "*A equiparação salarial só é possível se o empregado e o paradigma exercerem a mesma função, desempenhando as mesmas tarefas, não importando se os cargos têm, ou não, a mesma denominação*".

b) **2º requisito:** ***a identidade de empregador.*** Os empregados devem prestar serviços para o mesmo empregador.

Para a corrente que adota a responsabilidade dual dos entes integrantes de grupo econômico (Súmula 129 do C. Tribunal Superior do Trabalho), é perfeitamente viável a equiparação salarial entre obreiros contratados por diferentes empresas do mesmo grupo econômico, desde que presentes os requisitos previstos no art. 461 da CLT.

c) **3º requisito:** ***a identidade de localidade***. Os empregados devem executar o trabalho na mesma localidade.

Conforme o posicionamento consubstanciado na Súmula 6, item X, do C. Tribubal Superior do Trabalho: "*O conceito de 'mesma localidade' de que trata o art. 461 da CLT refere-se, em princípio, ao mesmo município, ou a municípios distintos que, comprovadamente, pertençam à mesma região metropolitana*".

d) **4º requisito:** ***a simultaneidade no exercício das funções***. Os empregados devem ter laborado, simultaneamente, nas mesmas funções. Deve ter havido contemporaneidade no exercício das funções pelos empregados comparados.

Preconiza a Súmula 6, item IV, do C. Tribunal Superior do Trabalho: "*É desnecessário que, ao tempo da reclamação sobre equiparação salarial, reclamante e paradigma estejam a serviço do estabelecimento, desde que o pedido se relacione com situação pretérita*".

4. Fatos Modificativos da Equiparação Salarial

Preceitua o art. 461, § 1º, da CLT: "*Trabalho de igual valor, para os fins deste Capítulo, será o que for feito com* ***igual produtividade*** *e com a* ***mesma perfeição técnica****, entre pessoas cuja* ***diferença de tempo de serviço não for superior a dois anos***" (destacamos).

São dois os fatos modificativos do direito à equiparação salarial:

a) **1º fato:** ***diferença de produtividade***. Os empregados comparados devem apresentar igual produtividade.

Enquanto a produção se refere ao montante do trabalho efetuado pelo empregado (valor absoluto), a produtividade traduz o índice de intensidade laborativa do trabalhador em determinado tempo (valor relativo).

Quando o salário tiver sido ajustado por unidade de obra, somente será viável a apreciação do pedido de equiparação salarial, caso tenha havido tratamento discriminatório relativo ao preço unitário das peças produzidas.

b) **2º fato:** ***diferença de perfeição técnica***. Os empregados comparados devem desempenhar suas atribuições com a mesma perfeição técnica. Trata-se de critério qualitativo de aferição do trabalho.

5. Fatos Impeditivos da Equiparação Salarial

São três os fatos impeditivos do direito à equiparação salarial:

a) **1º fato**: ***diferença de tempo de serviço superior a dois anos***. Os empregados comparados não podem ter diferença de tempo de serviço superior a dois anos. A diferença de tempo de serviço a ser aferida não é no emprego, mas na função.

Segundo o disposto na Súmula 6, item II, do C. Tribunal Superior do Trabalho: "*Para efeito de equiparação de salários em caso de trabalho igual, conta-se o tempo de serviço na função e não no emprego*".

b) **2º fato**: ***existência de quadro de carreira homologado***. A existência de quadro de carreira devidamente homologado pelo Ministério do Trabalho e Emprego na empresa privada, ou pelo órgão administrativo competente nas empresas vinculadas à Administração Pública, prevendo promoções alternadas por merecimento e antiguidade, inviabiliza o pedido de equiparação salarial.

Nos termos do art. 461, § 2º, da CLT: "*Os dispositivos deste artigo não prevalecerão quando o empregador tiver pessoal organizado em quadro de carreira, hipótese em que as promoções deverão obedecer aos critérios de antiguidade e merecimento*".

Por sua vez, estabelece o art. 461, § 3º, da CLT: "*No caso do parágrafo anterior, as promoções deverão ser feitas alternadamente por merecimento e por antiguidade, dentro de cada categoria profissional*".

Neste sentido, corroborando o acima exposto, a Súmula 6, item I, do C. Tribunal Superior do Trabalho:

> *Para os fins previstos no § 2º do art. 461 da CLT, só é válido o quadro de pessoal organizado em carreira quando homologado pelo Ministério do Trabalho, excluindo-se, apenas, dessa exigência o quadro de carreira das entidades de direito público da administração direta, autárquica e fundacional aprovado por ato administrativo da autoridade competente.*

Dessa forma, o quadro de carreira, para consistir em óbice ao pleito de equiparação salarial, deve satisfazer dois requisitos: um formal e outro substancial.

O requisito formal corresponde à homologação administrativa. Nas empresas privadas, pelo Ministério do Trabalho e Emprego. Nas empresas vinculadas à Administração Pública, pelo órgão administrativo competente.

O requisito substancial ou material corresponde à instituição, dentro de cada categoria ou classe profissional, de uma sistemática de promoções alternadas por merecimento e antiguidade.

É fundamental que o quadro de carreira estabeleça efetivos mecanismos impessoais de promoções alternadas por merecimento e antiguidade.

Como se sabe, as promoções podem ser: horizontal (ocorre dentro da mesma categoria ou classe) e vertical (deslocamento para categoria ou classe superior – ascensão funcional).

A existência de Plano de Cargos e Salários (PCS) ou de Quadro de Carreira que não atenda esses requisitos não constitui fato impeditivo do direito à equiparação salarial.

Registre-se, todavia, que a Justiça do Trabalho é competente para apreciar reclamação de empregado que tenha por objeto direito fundado em quadro de carreira (Súmula 19 do C. TST).

Assim sendo, apesar de o quadro de pessoal organizado em carreira, aprovado pelo órgão competente, inviabilizar a pretensão de equiparação salarial, não obsta reclamação trabalhista fundada em preterição, enquadramento ou reclassificação.

Nesse sentido, inclusive, o entendimento da Súmula 127 do C. Tribunal Superior do Trabalho.

Por outro lado, o simples desvio funcional do empregado não gera direito a novo enquadramento, mas apenas às diferenças salariais respectivas, mesmo que o desvio de função haja iniciado antes da vigência da CF/1988 (OJ nº 125 da SBDI-1 do C. Tribunal Superior do Trabalho).

Com relação à prescrição aplicável, na ação de equiparação salarial, a prescrição é parcial e só alcança as diferenças salariais vencidas no período de 5 (cinco) anos que precedeu o ajuizamento (Súmula 6, item IX, do C. Tribunal Superior do Trabalho). Na ação que objetive corrigir desvio funcional, a prescrição também só alcança as diferenças salariais vencidas no período de 5 (cinco) anos que precedeu o ajuizamento (Súmula 275, item I, do C. Tribunal Superior do Trabalho). Já, em se tratando de pedido de reenquadramento, a prescrição é total, contada da data do enquadramento do empregado (Súmula 275, item II, do C. Tribunal Superior do Trabalho).

c) **3º fato**: ***empregado em readaptação funcional como paradigma***. O empregado que tiver sido readaptado em nova função, em razão de deficiência física ou psíquica, não pode ser paradigma para pedido de equiparação salarial.

É o que se depreende da norma prevista no art. 461, § 4º, da CLT: "*O trabalhador readaptado em nova função por motivo de deficiência física ou mental atestada pelo órgão competente da Previdência Social não servirá de paradigma para fins de equiparação salarial*".

6. Distribuição do Ônus da Prova

Cabe ao autor a prova dos fatos constitutivos do direito à equiparação salarial (requisitos) e ao réu a prova dos fatos modificativos, impeditivos e extintivos. Trata-se da aplicação da inteligência dos arts. 818 da CLT e 333, incisos I e II, do CPC.

Consoante o entendimento contido na Súmula 6, item VIII, do C. Tribunal Superior do Trabalho: "*É do empregador o ônus da prova do fato impeditivo, modificativo ou extintivo da equiparação salarial*".

VII TERCEIRIZAÇÃO

Este tema foi abordado nas provas subjetivas dos seguintes concursos públicos da Magistratura do Trabalho e do Ministério Público do Trabalho:

Explique as diferenças entre trabalho temporário, terceirização lícita e ilícita. Qual a responsabilidade dos empregadores e tomadores em cada uma. Fundamente. (XXI Concurso da Magistratura do TRT-15ª Região)

A Prefeitura do Município de São Paulo, mediante prévia licitação pública, contrata uma empreiteira para a realização de reformas nas escolas da rede municipal de ensino. O empreiteiro contratado não honra as obrigações trabalhistas de seus empregados, deixando de pagar horas extras e de recolher o FGTS devido. Pergunta-se:

a) Nessa hipótese a prefeitura figura como dona da obra ou tomadora dos serviços?

b) Em qualquer das hipóteses anteriores, qual a natureza da responsabilidade da prefeitura perante os empregados da empreiteira?

c) Aplica-se ao caso a regra do art. 71 da Lei nº 8.666, de 21/06/1993? (XXXIII Concurso da Magistratura do TRT-2ª Região)

Disserte sobre os tipos de subordinação na relação de emprego à luz do fenômeno da terceirização. (Concurso XIV do MPT)

Trava-se, na doutrina e jurisprudência trabalhistas, relevante debate a respeito do controle civilizatório da terceirização. Decline as trilhas percorridas pela jurisprudência e seu respectivo apoio doutrinário, analisando criticamente cada uma delas. (Concurso Público nº 01/2006 da Magistratura do TRT- 3ª Região)

1. Introdução

A expressão "*terceirização*" é resultante de neologismo oriundo da palavra "*terceiro*", este como sinônimo de "*interveniente*" ou "*intermediário*".

É neologismo construído pela ciência da administração, para enfatizar a descentralização empresarial de atividades a outrem, um terceiro à empresa.

No Direito do Trabalho, a terceirização consiste no fenômeno pelo qual o trabalhador é inserido no processo produtivo da empresa tomadora dos serviços, sem que haja vinculação empregatícia a esta, a qual se preserva com a entidade e/ou empresa intermediária.

A terceirização acarreta a formação de uma relação trilateral, envolvendo o trabalhador, a empresa tomadora e a empresa terceirizada.

Diferencia-se, pois, da relação bilateral típica do modelo clássico empregatício, tratando-se de uma modalidade excetiva de contratação de mão-de-obra.

2. Evolução Legislativa e Jurisprudencial

2.a. Modalidade de Subcontratação na CLT

Preceitua o art. 455, *caput*, da CLT: "*Nos contratos de subempreitada responderá o subempreiteiro pelas obrigações derivadas do contrato de trabalho que celebrar, cabendo, todavia, aos empregados, o direito de reclamação contra o empreiteiro principal pelo inadimplemento daquelas obrigações por parte do primeiro*".

Por sua vez, preconiza a norma prevista no parágrafo único do mesmo artigo: "*Ao empreiteiro principal fica ressalvada, nos termos da lei civil, ação regressiva contra o subempreiteiro e a retenção de importâncias a este devidas, para a garantia das obrigações previstas neste artigo*".

Inicialmente, a jurisprudência majoritária, ao interpretar o aludido artigo consolidado, posicionava-se pelo reconhecimento da responsabilidade solidária do empreiteiro principal nas relações de subempreitada.

Com a edificação do posicionamento contido no item IV da Súmula 331 do C. Tribunal Superior do Trabalho, passou a vigorar, como majoritária, a tese da responsabilidade subsidiária.

Registre-se, ainda, ser da competência das Varas do Trabalho a conciliação e julgamento dos dissídios resultantes de contratos de empreitada em que o empreiteiro seja operário ou artífice, nos termos do art. 652, alínea "a", inciso III, da CLT. Nessa hipótese, cumpre ressaltar que, embora a competência jurisdicional seja da Justiça Especializada, o juiz deve aplicar a legislação civil inerente à matéria (competência legislativa).

Todavia, nos exatos termos do entendimento consubstanciado na OJ nº 191 da SBDI-1 do C. Tribunal Superior do Trabalho: "*Diante da inexistência de previsão legal, o contrato de empreitada entre o dono da obra e o empreiteiro não enseja responsabilidade solidária ou subsidiária nas obrigações trabalhistas contraídas pelo empreiteiro,* **salvo sendo o dono da obra uma empresa construtora ou incorporadora**".

Estes dispositivos podem ser considerados como referências incipientes ao que, no futuro, viria a constituir o fenômeno da terceirização.

2.b. Terceirização na Administração Pública

O Decreto-Lei nº 200/1967 veio dispor sobre a organização da Administração Pública Federal e estabelecer diretrizes para a Reforma Administrativa.

O art. 10, *caput*, do referido diploma legal estipula que a execução das atividades da Administração Federal deverá ser amplamente descentralizada.

Por outro lado, disciplina o art. 10, § 7º, do DL nº 200/1967:

> *Para melhor desincumbir-se das tarefas de planejamento, coordenação, supervisão e controle e com o objetivo de impedir o crescimento desmesurado da máquina administrativa, a Administração procurará desobrigar-se da realização material de tarefas executivas, recorrendo, sempre que possível, à execução indireta, mediante contrato, desde que exista, na área, iniciativa privada suficientemente desenvolvida e capacitada a desempenhar os encargos de execução.*

A fim de explicitar o que viriam a ser essas tarefas executivas, a Lei nº 5.645/1970, que estabelecia diretrizes para a classificação de cargos do Serviço Civil da União e das autarquias federais, disciplinava, no parágrafo único do seu art. 3º, que aquelas "*relacionadas com transporte, conservação, custódia, operação de elevadores, limpeza e outras assemelhadas serão, de preferência, objeto de execução indireta, mediante contrato, de acordo com o art. 10, § 7º, do Decreto-lei nº 200, de 25 de fevereiro de 1967*", o qual veio a ser posteriormente revogado pela Lei nº 9.527/1997.

Esses dispositivos legais induziam à terceirização de atividades meramente executivas e operacionais no âmbito da Administração Pública.

A dúvida permanecia, contudo, no tocante à extensão da terceirização na Administração Pública, ou seja, as atribuições, atividades e funções que poderiam ser objeto de terceirização.

O art. 3º, parágrafo único, da Lei nº 5.645/1970 buscou exemplificar os encargos de execução sugeridos pelo § 7º do art. 10 do Decreto-lei nº 200/1967, tratando-se de rol meramente exemplificativo, relacionado a atividades de apoio e instrumentais.

A autorização legal à terceirização no setor público limitava-se, portanto, a atividades-meio.

2.c. Terceirização na Iniciativa Privada

A regulamentação normativa da terceirização no setor privado ocorreu, inicialmente, através das Leis nº 6.019/1974 (trabalho temporário) e 7.102/1983 (trabalho de vigilância bancária).

A Lei nº 6.019/1974 regulamenta o trabalho temporário nas empresas urbanas. Trata-se de modalidade de terceirização temporária na iniciativa privada.

Nos termos do art. 2º da Lei nº 6.019/1974: "*Trabalho temporário é aquele prestado por pessoa física a uma empresa, para atender à necessidade transitória de substituição de seu pessoal regular e permanente ou a acréscimo extraordinário de serviços*".

Dispõe o art. 4º da Lei nº 6.019/1974: "*Compreende-se como empresa de trabalho temporário a pessoa física ou jurídica urbana, cuja atividade consiste em colocar à disposição de outras empresas, temporariamente, trabalhadores, devidamente qualificados, por elas remunerados e assistidos*".

Por sua vez, a Lei nº 7.102/1983 autoriza a terceirização do trabalho de vigilância bancária, em caráter permanente, restringindo-se à categoria profissional dos vigilantes.

Segundo o art. 3º, *caput* e inciso I, da Lei nº 7.102/1983: "*A vigilância ostensiva e o transporte de valores serão executados: I – por empresa especializada contratada*".

Inicialmente, a atividade terceirizada prevista na referida lei se restringia ao setor bancário, sendo, posteriormente, estendida à vigilância patrimonial de qualquer instituição pública ou privada, incluindo a segurança pessoal de pessoas físicas e o transporte de valores, nos moldes do art. 10 e parágrafos da Lei nº 7.102/1983 (redação dada pela Lei nº 8.863/1994).

À margem dessa evolução legislativa, a iniciativa privada incorporava, a cada dia, e de forma crescente, a prática da terceirização da mão-de-obra, independentemente da existência de lei que autorizasse essa modalidade excetiva de contratação, como, por exemplo, nos serviços de conservação e limpeza.

2.d. Jurisprudência do Tribunal Superior do Trabalho

O C. Tribunal Superior do Trabalho, disciplinando a matéria, editou, de início, a Súmula 256:

> "*Salvo os casos de trabalho temporário e de serviço de vigilância, previstos nas Leis nºs 6.019, de 03/01/1974, e 7.102, de 20/06/1983, é ilegal a contratação de trabalhadores por empresa interposta, formando-se o vínculo empregatício diretamente com o tomador dos serviços*" (Cancelada pela Resolução nº 121, de 28/10/2003 – Revisão pela Súmula 331).

De acordo com esse entendimento sumulado a terceirização estaria restrita ao trabalho temporário e de vigilância, sob pena de reconhecimento do vínculo diretamente com o tomador dos serviços.

No entanto, o rol taxativo da Súmula 256 do C. Tribunal Superior do Trabalho colidia com o rol meramente exemplificativo dos arts. 10, § 7º, do Decreto-lei nº 200/1967 e 3º, parágrafo único, da Lei nº 5.645/1970.

Ademais, com a promulgação da Constituição da República de 1988, configurou-se a seguinte questão: Como ficaria a aplicação da Súmula 256 do C. Tribunal Superior do Trabalho após o advento do art. 37, inciso II e § 2º, da CF/1988, que veda o reconhecimento do vínculo de emprego com ente público sem prévia aprovação em concurso?

Diante disso, o C. Tribunal Superior do Trabalho, em 1993, editou a Súmula 331, itens I a IV, revisando a Súmula 256, nos seguintes termos:

> *I – A contratação de trabalhadores por empresa interposta é ilegal, formando-se o vínculo diretamente com o tomador dos serviços, salvo no caso de trabalho temporário (Lei nº 6.019, de 03/01/1974).*
>
> *II – A contratação irregular de trabalhador, mediante empresa interposta, não gera vínculo de emprego com os órgãos da administração pública direta, indireta ou fundacional (art. 37, II, da CF/1988).*
>
> *III – Não forma vínculo de emprego com o tomador a contratação de serviços de vigilância (Lei nº 7.102, de 20/06/1983) e de conservação e limpeza, bem como a de serviços especializados ligados à atividade-meio do tomador, desde que inexistente a pessoalidade e a subordinação direta.*
>
> *IV – O inadimplemento das obrigações trabalhistas, por parte do empregador, implica a responsabilidade subsidiária do tomador dos serviços, quanto àquelas obrigações, desde que hajam participado da relação processual e constem também do título executivo judicial.*

Diante do impasse acerca da aplicabilidade do item IV da referida Súmula aos entes públicos, em razão do disposto no art. 71, § 1º, da Lei nº 8.666/1993, em 2000, a C. Corte Superior Trabalhista atribuiu nova redação ao referido item, *in verbis*:

> *IV – O inadimplemento das obrigações trabalhistas, por parte do empregador, implica a responsabilidade subsidiária do tomador dos serviços, quanto àquelas obrigações,* ***inclusive quanto aos órgãos da administração direta, das autarquias, das fundações públicas, das empresas públicas e das sociedades de economia mista, desde que hajam participado da relação processual e constem também do título executivo judicial*** *(art. 71 da Lei nº 8.666, de 21/06/1993).* (destacamos)

Com relação à responsabilização do ente público, na qualidade de tomador dos serviços terceirizados, o C. Tribunal Superior do Trabalho se posicionou no sentido de que o art. 71, § 1º, da Lei nº 8.666/1993 veda apenas a responsabilização direta ou solidária, e não a subsidiária.

Aplicaram-se, no caso, os conceitos de *culpa in eligendo* (má escolha do contratante) e de *culpa in vigilando* (má fiscalização das obrigações contratuais e seus efeitos), conforme a inteligência do art. 159 do Código Civil de 1916 (art. 186 do Código Civil vigente).

A Súmula 331 do C. Tribunal Superior do Trabalho reporta-se à distinção entre atividades-meio e atividades-fim, criando um dos critérios para aferição da licitude ou não da terceirização.

Daí por diante, o fenômeno da terceirização veio crescendo à margem de qualquer normatização, não havendo, até o momento, vontade legislativa para disciplinar essa modalidade excetiva de contratação de mão-de-obra.

3. Efeitos das Terceirizações Lícita e Ilícita

Podem ser arrolados como hipóteses de terceirização lícita:

a) o trabalho temporário disciplinado pela Lei nº 6.019/1974 (Súmula 331, item I, do C. TST);
b) os serviços de vigilância patrimonial, segurança e transporte de valores regulados pela Lei nº 7.102/1983 (Súmula 331, item III, do C. TST);
c) os serviços de conservação e limpeza (Súmula 331, item III, do C. TST);
d) as atividades-meio, desde que ausentes a pessoalidade e a subordinação direta entre o trabalhador e o tomador dos respectivos serviços (Súmula 331, item III, do C. TST).

A regra é a vedação de terceirização em atividade-fim, ressalvada a hipótese de trabalho temporário regulado pela Lei nº 6.019/1974. É permitida, por sua vez, a terceirização de atividades-meio, desde que ausentes a pessoalidade e a subordinação direta.

São atividades-fim as que integram o núcleo da dinâmica empresarial do tomador dos serviços, enquanto que atividades-meio são as periféricas ou instrumentais à essência desta mesma dinâmica.

Dessa forma, as hipóteses de terceirização ilícita se restringem àquelas que envolvem:

a) atividades-fim da empresa tomadora, ressalvado o trabalho temporário de que trata a Lei nº 6.019/1974;
b) atividades-meio, desde que presentes a pessoalidade e a subordinação direta entre o trabalhador e o tomador.

O trabalho temporário é a única situação de terceirização (ou intermediação de mão-de-obra) lícita em que se encontra presente a pessoalidade e a subordinação direta entre o trabalhador e o tomador dos serviços.

A terceirização ilícita acarreta a nulidade do vínculo com a empresa prestadora (empregador aparente) e reconhecimento do vínculo de emprego diretamente com o tomador (empregador oculto ou dissimulado), com a devida observância de todas as normas e vantagens atinentes à respectiva categoria profissional do obreiro, nos exatos termos da Súmula 331, item I, do C. Tribunal Superior do Trabalho.

Sendo o tomador dos serviços um ente público, ainda que configurada a prática da terceirização ilícita, o princípio do concurso público (art. 37, inciso II e § 2º, da CF/1988) constitui óbice intransponível ao reconhecimento do vínculo de emprego diretamente com o tomador dos serviços, conforme preconiza a Súmula 331, item II, do C. Tribunal Superior do Trabalho.

Há, no entanto, doutrina e jurisprudência que, nesses casos, atribuem ao empregador formal a responsabilidade direta pelo pagamento de todas as verbas trabalhistas inerentes à função desempenhada pelo trabalhador junto ao ente estatal, sem a retificação da CTPS, além da responsabilidade subsidiária deste último, na qualidade de tomador dos serviços prestados, nos termos da Súmula 331, item IV, do C. Tribunal Superior do Trabalho.

Este posicionamento privilegia a observância simultânea dos princípios constitucionais do concurso público e da isonomia, em aplicação do método de interpretação da concordância prática ou da harmonização, com vistas à preservação da unidade constitucional.

Se a terceirização for lícita, o vínculo de emprego mantém-se intacto com a empresa prestadora, reconhecendo-se a responsabilidade subsidiária do tomador dos serviços diante do inadimplemento das obrigações trabalhistas por parte do empregador, nos moldes da Súmula 331, item IV, do C. Tribunal Superior do Trabalho.

4. Aspectos Processuais

As lides decorrentes das relações terceirizadas são da competência da Justiça do Trabalho. Isso porque há, na hipótese de terceirização lícita, o vínculo de emprego entre o obreiro e a empresa prestadora, além da relação de trabalho existente entre aquele e o tomador.

Nas terceirizações ilícitas, a pretensão concentra-se no pedido de declaração do vínculo de emprego diretamente com o tomador (ressalvada a exceção vista com relação aos entes públicos). Inteligência do art. 114, inciso I, da CF/1988 (EC nº 45/2004).

Todavia, para que se possa reconhecer a responsabilidade subsidiária do tomador dos serviços, faz-se necessário que tenha participado da relação processual e conste também do título executivo judicial, de acordo com o entendimento consubstanciado na parte final do item IV da Súmula 331 do C. Tribunal Superior do Trabalho.

VIII DISCRIMINAÇÃO NAS RELAÇÕES DE TRABALHO

Este tema foi abordado nas provas subjetivas dos seguintes concursos públicos da Magistratura do Trabalho e do Ministério Público do Trabalho:

Formas de manifestação da discriminação no contrato de trabalho: tratamentos doutrinários, normativo e jurisprudencial. (Concurso Público nº 01/2006 da Magistratura do TRT-3ª Região)

Com base na legislação vigente, disserte sobre o tema "a discriminação no contrato de trabalho", enfocando, inclusive, a chamada discriminação positiva. (V Concurso da Magistratura do TRT-20ª Região)

O Município de Gothan City publicou edital para realização de concurso público para o provimento de 8 vagas para advogado, 10 vagas para dentista e 9 vagas para enfermeiro. Tendo em vista a omissão do edital, José da Silva, deficiente físico, impetrou mandado de segurança com pedido liminar para assegurar a realização da inscrição para o concurso em vaga destinada especificamente a pessoas com deficiência. O Município apresenta defesa argumentando que não há legislação que obrigue o Município a prever vagas separadas para pessoas com deficiência; que dentro da programação do Município será realizado posteriormente concurso para provimento de cargos de auxiliar de limpeza, função mais compatível com eventual deficiência, e que nesse sim, pretende disponibilizar vagas para pessoas com deficiência; que os cargos objeto do concurso exigem nível superior, o que normalmente não se encontra em pessoas com deficiência e que tanto o local de trabalho quanto o de realização das provas não são adaptados, o que impede a realização da prova e a prestação de serviços por eventual candidato deficiente. Resolva a questão à luz dos princípios e garantias fundamentais, enfocando em especial o princípio da igualdade e as ações afirmativas, bem como dos princípios constitucionais que regem o provimento dos cargos públicos. (XXI Concurso da Magistratura do TRT-9ª Região)

O sistema de contratação de deficientes por cotas vai de encontro a princípios constitucionais? (Concurso/2007 da Magistratura do TRT-15ª Região)

1. Introdução

O art. 5º, *caput*, da Constituição da República de 1988 assegura a igualdade de todos perante a lei.

Uma interpretação rígida e gramatical deste dispositivo poderia induzir o hermeneuta a uma suposta igualdade inflexível de tratamento, atribuindo-lhe a falsa idéia de impossibilidade de criação de alternativas diversas para situações distintas.

Como se sabe, a diferença é a regra em nossa sociedade. Não existem duas pessoas que sejam absolutamente idênticas. Daí o conceito de "diversidade", que constitui característica inerente ao próprio regime democrático.

Podemos, por sua vez, destacar três correntes conceituais de igualdade:

A corrente nominalista, para a qual, em razão de a diversidade ser regra, não haveria como se almejar a verdadeira igualdade, limitando-a apenas a um âmbito nominal. Ou seja, se o mundo é desigual, só poderia haver igualdade nominal.

A corrente idealista, que prega a igualdade absoluta entre os seres humanos. Sustenta a necessidade de regras jurídicas que determinem a igualdade absoluta no âmbito social, o que terminaria por reduzir a desigualdade física, de menor amplitude.

E, por último, a corrente realista, a qual se rege pelo primado da igualdade proporcional, ou seja, situações desiguais devem ser tratadas desigualmente. A igualdade absoluta seria mero ideal. É a predominante em nosso sistema jurídico-constitucional.

Parafraseando o renomado Rui Barbosa, a regra da igualdade não consiste senão em aquinhoar desigualmente aos desiguais, na medida em que se desigualam. Nessa desigualdade social, proporcionada à desigualdade natural, é que se acha a verdadeira lei da igualdade.

Nesses termos, o objetivo é atingir a denominada igualdade real, material ou substancial, em contraposição à igualdade formal, ainda que se tenha que distinguir para igualar. É dar a todos uma igualdade de oportunidades.

Assim sendo, mostra-se perfeitamente aplicável o tratamento desigual diante da diversidade, na proporção dessa desigualdade, como única forma possível de se alcançar a igualdade de oportunidades e direitos. Daí o fundamento para as "ações afirmativas" e o conceito de "discriminação positiva" ou de "discriminação inversa".

Estas ações afirmativas, na verdade, consistem na adoção, em maior ou menor grau, de condutas, medidas e/ou condições para que as pessoas e grupos discriminados ("grupos vulneráveis") possam integrar-se à coletividade.

Trata-se de postura mais ativa, concretizando-se, por exemplo, por meio de políticas sociais dirigidas à diversidade; da reserva legal de mercado, com imposição de cotas para contratação em empresas (art. 93, incisos I a IV, da Lei nº 8.213/1991) e admissão no serviço público (art. 37, inciso VIII, da CF/1988); do estabelecimento de cotas para o acesso ao ensino superior e da concessão de vantagens fiscais.

O Ministério Público do Trabalho, na qualidade de promotor de interesses, busca esclarecer e prevenir as violações básicas ao axioma do direito da igualdade ou da não-discriminação, imprimindo forte conteúdo interdisciplinar e pedagógico.

Como órgão agente, o *Parquet* apura a ocorrência de práticas discriminatórias, através de procedimentos investigatórios, valendo-se do termo de compromisso de ajuste de conduta (título executivo extrajudicial) e da ação civil pública ou coletiva para dar efetividade à chamada "*tutela inibitória*", utilizando-se de multas cominatórias (*astreintes*) a fim de que o infrator seja compelido a cumprir as obrigações de dar, fazer e não-fazer consignadas no termo de compromisso ou veiculadas na pretensão coletiva.

Também cabe ao Órgão Ministerial, nessa mesma condição, assegurar a efetiva observância de ações afirmativas que tenham previsão legal, como a reserva de mercado no setor privado instituído no art. 93, incisos I a IV, da Lei nº 8.213/1991, que beneficia os trabalhadores com deficiência e os beneficiários reabilitados pela Previdência Social.

Por último, as ações que tenham por causa de pedir condutas de cunho discriminatório atraem a atuação ministerial, na condição de órgão interveniente (*custos legis*), em razão da indisponibilidade do bem jurídico a ser tutelado, direitos de personalidade, de ordem fundamental.

2. Conceito de Discriminação

Discriminar é diferenciar, distinguir, separar, estabelecer diferença.

Discriminação é proceder à separação de coisas e/ou de pessoas, distinguindo-as uma das outras, para que sejam consideradas de acordo com esta classificação.

Em matéria de trabalho, a discriminação deve ser entendida como negar ao trabalhador a igualdade de oportunidades no tocante à aquisição ou à manutenção do emprego, pela criação de desigualdades entre as pessoas.

Registre-se que a relação de emprego consiste em campo fértil para condutas discriminatórias, posto proporcionar ambiente em que aquele que discrimina (sujeito ativo) pode, de alguma forma, sujeitar aquele que é discriminado (sujeito passivo), em virtude da hipossuficiência do empregado e, por isso, da necessidade de manutenção no trabalho, ainda que seja certo que a subordinação jurídica é inerente à prestação dos serviços (*modus operandi*), e não à pessoa do trabalhador.

A Convenção nº 111 da OIT, de 1959, ratificada no Brasil pelo Decreto-legislativo nº 62.150, de 19/01/1968, define a discriminação em matéria de emprego e profissão, nos seguintes termos:

> *1. O termo* discriminação *compreende: a) toda distinção, exclusão ou preferência fundada na raça, cor, sexo, religião, opinião política, ascendência nacional ou origem social que tenha por efeito destruir ou alterar a igualdade de oportunidades ou de tratamento em matéria de emprego ou profissão; b) qualquer outra distinção, exclusão ou preferência que tenha por efeito destruir ou alterar a igualdade de oportunidades ou tratamento em matéria de emprego ou profissão, que poderá ser especificada pelo Membro interessado depois*

de consultas às organizações representativas de empregadores e trabalhadores, quando estas existam e outros organismos adequados.

2. As distinções, exclusões ou preferências fundadas em qualificações exigidas para um determinado emprego não são consideradas como discriminação.

Assim sendo, qualquer distinção ou preferência que não tenha fundamento em qualificações exigidas para determinado emprego, e que obste ou diminua a igualdade de oportunidades e de trabalho em matéria de trabalho e profissão é considerada discriminação.

A discriminação é a exteriorização de um preconceito. É um fenômeno intergrupal, dirigido a pessoas ou grupo de pessoas, implicando uma predisposição negativa.

Na psicologia social, o preconceito é visto como uma atitude negativa, aprendida, dirigida a um grupo determinado. Ele não é inato, mas condicionado, muito embora alguns traços de personalidade possam contribuir para que alguém incorpore preconceitos mais facilmente.

O preconceito consiste em julgar ou conceituar alguém mediante uma generalização, uma banalização ou uma mistificação. Apesar de encerrar uma atitude negativa, não produz, contudo, efeitos para o Direito. Isso porque, embora condenável, não atenta contra direitos subjetivos, salvo quando se exterioriza, em forma de discriminação.

São vítimas de discriminação os integrantes dos chamados "grupos vulneráveis", que não se confundem, necessariamente, com a idéia de "minorias", já que, por exemplo, as mulheres compõem estes grupos, e estão longe de ser minoria no contexto populacional brasileiro. Tanto é assim que a norma prevista no art. 7º, inciso XX, da CF/1988 assegura a proteção do mercado de trabalho da mulher, mediante incentivos específicos, nos termos da lei.

3. Formas de Combate

O combate às condutas discriminatórias pode se apresentar de duas formas: uma repressiva e outra preventiva e pedagógica.

A forma repressiva de combate à discriminação corresponde à imposição de normas que vedam a conduta discriminatória, com previsão de sanções de natureza penal, civil e trabalhista, afinal o art. 5º, inciso XLI, da CF/1988 estabelece que: "*a lei punirá qualquer discriminação atentatória dos direitos e liberdades fundamentais*".

Exemplo típico dessa modalidade é a Lei nº 9.029/1995, que proíbe a exigência de atestado de gravidez e esterilização e outras práticas discriminatórias, para efeitos admissionais ou de permanência da relação jurídica de trabalho e dá outras providências, nos seguintes termos:

> *Art. 1º Fica proibida a adoção de qualquer prática discriminatória e limitativa para efeito de acesso a relação de emprego, ou sua manutenção, por motivo de sexo, origem, raça, cor, estado civil, situação familiar ou idade, ressalvadas, neste caso, as hipóteses de proteção ao menor previstas no inciso XXXIII do art. 7º da Constituição Federal.*
>
> *Art. 2º Constituem crime as seguintes práticas discriminatórias:*
>
> *I – a exigência de teste, exame, perícia, laudo, atestado, declaração ou qualquer outro procedimento relativo à esterilização ou a estado de gravidez;*
>
> *II – a adoção de quaisquer medidas, de iniciativa do empregador, que configurem:*
>
> *a) indução ou instigamento à esterilização genética;*
>
> *b) promoção do controle de natalidade, assim não considerado o oferecimento de serviços e de aconselhamento ou planejamento familiar, realizados através de instituições públicas ou privadas, submetidas às normas do Sistema Único de Saúde (SUS).*
>
> *Pena: detenção de um a dois anos e multa.*
>
> *Parágrafo único. São sujeitos ativos dos crimes a que se refere este artigo:*
>
> *I – a pessoa física empregadora;*
>
> *II – o representante legal do empregador, como definido na legislação trabalhista;*
>
> *III – o dirigente, direto ou por delegação, de órgãos públicos e entidades das administrações públicas direta, indireta e fundacional de qualquer dos Poderes da União, dos Estados, do Distrito Federal e dos Municípios.*
>
> *Art. 3º Sem prejuízo do prescrito no artigo anterior, as infrações do disposto nesta Lei são passíveis das seguintes cominações:*
>
> *I – multa administrativa de dez vezes o valor do maior salário pago pelo empregador, elevado em cinqüenta por cento em caso de reincidência;*
>
> *II – proibição de obter empréstimo ou financiamento junto a instituições financeiras oficiais.*
>
> *Art. 4º O rompimento da relação de trabalho por ato discriminatório, nos moldes desta Lei, faculta ao empregado optar entre:*
>
> *I – a readmissão com ressarcimento integral de todo o período de afastamento, mediante pagamento das remunerações devidas, corrigidas monetariamente, acrescidas dos juros legais;*
>
> *II – a percepção, em dobro, da remuneração do período de afastamento, corrigida monetariamente e acrescida dos juros legais.*
>
> *Art. 5º Esta Lei entra em vigor na data de sua publicação.*
>
> *Art. 6º Revogam-se as disposições em contrário.*

Outros exemplos que podem ser citados é a Lei nº 7.716/1989, que define os crimes resultantes de preconceitos de raça ou de cor, e a Lei nº 9.799/1999, que acrescentou artigos na CLT dentro do capítulo inerente à proteção do trabalho da mulher.

A segunda forma de combate, de característica preventiva e pedagógica, são as "*ações afirmativas*", acarretando o que chamamos de "*discriminação positiva ou inversa*".

Trata-se da adoção, em maior ou menor grau, de condutas, medidas e/ou condições para que as pessoas e grupos discriminados ("grupos vulneráveis") possam integrar-se à coletividade. Postura mais ativa, através, por exemplo, de políticas sociais dirigidas à diversidade; de discriminação positiva na reserva legal de mercado: imposição de cotas para contratação em empresas e para admissão no serviço público; de cotas para o acesso ao ensino superior e o estabelecimento de vantagens fiscais.

> *Ação afirmativa é um conjunto de medidas legais, modo de vida e políticas sociais que pretendem aliviar os tipos de discriminação que limitam oportunidades de determinados grupos sociais. Um esforço voluntário ou obrigatório, imposto pelo governo federal, estadual e municipal; instituições públicas e privadas, escolas para combater a discriminação e para promover a igualdade de oportunidades na educação e no acesso ao emprego*" (Ivair Augusto Alves dos Santos, *in Discriminação*: Uma Questão de Direitos Humanos, Programa Nacional de Direitos Humanos).

A ação afirmativa, expressão de origem norte-americana, ou discriminação positiva, de origem européia, é um conjunto de mecanismos de integração social, de políticas sociais visando à concretização da igualdade material.

O objetivo é assegurar a pessoas pertencentes a grupos particularmente desfavorecidos uma posição idêntica à dos outros membros da sociedade, proporcionando assim uma igualdade no exercício de direitos.

Podemos citar como exemplos de ações afirmativas:

a) art. 7º, inciso XX da CF/1988: "*proteção do mercado de trabalho da mulher, mediante incentivos específicos, nos termos da lei*";
b) art. 37, inciso VIII, da CF/1988: "*a lei reservará percentual dos cargos e empregos públicos para as pessoas portadoras de deficiência e definirá os critérios de sua admissão*" (estabelece a reserva de mercado no setor público).
c) Lei nº 10.244/2001, que revogou o art. 376 da CLT, para permitir a realização de horas extraordinárias por mulheres;
d) art. 390-E da CLT, instituído pela Lei nº 9.799/1999, fomentando a execução de projetos relativos ao incentivo do trabalho da mulher;
e) art. 93, incisos I a IV, da Lei nº 8.213/1991: "*A empresa com 100 (cem) ou mais empregados está obrigada a preencher de 2% (dois por cento) a 5% (cinco por cento) dos seus cargos com beneficiários reabilitados ou pessoas portadoras de deficiência, habilitadas, na*

seguinte proporção: I – até 200 empregados: 2%; II – de 201 a 500: 3%; III – de 501 a 1.000: 4%; e IV – de 1.001 em diante: 5%" (estabelece cotas, no setor privado, para os beneficiários reabilitados e os portadores de deficiência);

f) art. 93, § 1º, da Lei nº 8.213/1991: "*A dispensa de trabalhador reabilitado ou de deficiente habilitado ao final de contrato por prazo determinado de mais de 90 (noventa) dias, e a imotivada, no contrato por prazo indeterminado, só poderá ocorrer após a contratação de substituto de condição semelhante*" (condiciona a dispensa imotivada destes trabalhadores à contratação de substituto em condição semelhante);

g) Lei nº 7.670/1988, que estendeu os benefícios de licença para tratamento de saúde, aposentadoria, reforma militar, pensão especial e auxílio-doença, além de levantamento dos depósitos do FGTS, aos portadores da Síndrome da Imunodeficiência Adquirida.

4. Modalidades de Discriminação

A discriminação pode ser classificada em direta e indireta.

A discriminação direta corresponde à adoção de disposições gerais que estabelecem distinções fundamentadas em critérios proibidos. É de fácil caracterização e percepção. Como exemplos, podemos citar a vedação expressa de contratação de negros, portadores de deficiência, homossexuais, praticantes de determinada religião, de filiados a determinado ente sindical; anúncios de emprego discriminatórios (idade, raça, cor, "boa aparência", religião); a prática de determinada religião ou a filiação a determinado sindicato como requisito expresso de admissão, entre outros.

A discriminação indireta corresponde à adoção de disposições gerais aparentemente neutras, mas que, na realidade, criam desigualdades em relação a pessoas que têm as mesmas características. É a discriminação dissimulada. Pode ser imperceptível até mesmo às pessoas que estão sendo discriminadas. Como exemplos, podemos citar a utilização de critério meramente subjetivo (entrevista) para seleção de candidatos a emprego, quando pessoas altamente qualificadas deixam de ser contratadas por razões discriminatórias; a preterição em promoções funcionais por razões discriminatórias, entre outros.

5. Atuação do Ministério Público do Trabalho

A coordenação da atuação do Ministério Público do Trabalho, em âmbito nacional, realiza-se através da Coordenadoria Nacional de Promoção da Igualdade de Oportunidades e Eliminação da Discriminação no Trabalho – COORDIGUALDADE, instituída em 28 de outubro de 2002, por meio da Portaria nº 273.

Sua função é a instituição de metas, formalização de convênios e elaboração de diretrizes nacionais, com vistas à atuação estruturada do Ministério Público do Trabalho na promoção da igualdade de oportunidades e no combate à discriminação nas relações de trabalho.

Abaixo, o temário acerca da atuação desta Coordenadoria:

I – DISCRIMINAÇÃO A TRABALHADORES	II – PROTEÇÃO AO TRABALHO DO PORTADOR DE DEFICIÊNCIA OU REABILITADO	III – PROTEÇÃO À INTIMIDADE DO EMPREGADO
• A – raça/cor • B – gênero (gestante, exames médicos/genéticos, situação familiar, estado civil) • C – idade • D – orientação sexual • E – portador de doença congênita ou adquirida • F – orientação política, religiosa, filosófica • G – direito de petição • H – informação desabonadora • I – aparência • J – origem (nacionalidade/naturalidade) • K – exercício regular de um direito • L – listas discriminatórias • M – assédio moral fundado em critérios discriminatórios • N – veiculação de anúncios discriminatórios • O – matérias afins	• A – reserva de vagas • B – trabalho protegido • C – adaptação do meio ambiente de trabalho • D – intermediação de mão-de-obra por entidade assistencial • E – discriminação • F – matérias afins	• A – revista íntima • B – controle de transmissão de dados/correspondência • C – solicitação/intermediação de dados da vida pessoal • D – monitoramento da imagem/voz do empregado • E – matérias afins

No âmbito regional, a coordenação da atuação do Ministério Público do Trabalho se realiza através dos Núcleos e/ou Coordenadorias Regionais de Promoção da Igualdade de Oportunidades e Eliminação da Discriminação no Trabalho existentes em cada Procuradoria Regional do Trabalho e respectivos ofícios.

Suas funções consistem na implementação das diretrizes, metas e convênios estabelecidos pela Coordenadoria Nacional, assim como possíveis adaptações, em razão das peculiaridades regionais, e elaboração de diretrizes, metas e convênios em escala regional.

Considerando as formas de atuação do *Parquet* trabalhista, em matéria discriminatória, pode-se dar na qualidade de:

a) órgão agente: promoção de procedimentos investigatórios e de ações civis públicas ou coletivas (art. 83, inciso III, da LC nº 75/1993);
b) órgão interveniente: atuação como fiscal da lei, intervindo nos processos em razão da natureza da lide (art. 83, inciso II, da LC nº 75/1993);
c) promotor de interesses, através da realização de seminários, palestras e demais eventos, em atuação conjunta com outros órgãos públicos e entidades não-governamentais, entre outros.

Passemos, por derradeiro, a enumerar, à luz do direito positivo brasileiro, normas constitucionais e legais aplicáveis ao tema, de caráter geral e/ou especial.

6. Direito Positivo Brasileiro

6.1. Constituição da República – Princípios Gerais

a) Art. 1º, incisos III e IV: estabelece como fundamentos da República Federativa do Brasil a dignidade da pessoa humana e os valores sociais do trabalho e da livre concorrência.
b) Art. 3º, incisos III e IV: estabelece como objetivos da República Federativa do Brasil erradicar a pobreza e a marginalização e reduzir as desigualdades sociais e regionais e promover o bem de todos, sem preconceitos de origem, raça, sexo, cor, idade e quaisquer outras formas de discriminação.
c) Art. 4º, incisos II e VIII: dispõe que a República Federativa do Brasil rege-se nas suas relações internacionais pelos princípios da prevalência dos direitos humanos e do repúdio ao terrorismo e ao racismo.
d) Art. 5º, *caput*: assegura a igualdade de todos perante a lei, sem distinção de qualquer natureza, garantindo-se aos brasileiros e estrangeiros residentes no país a inviolabilidade do direito à vida, à liberdade, à igualdade, à segurança e à propriedade.
e) Art. 5º, inciso II: dispõe que ninguém será obrigado a fazer ou deixar de fazer alguma coisa senão em virtude de lei.
f) Art. 5º, inciso X: assegura a inviolabilidade da intimidade, da vida privada, da honra e da imagem das pessoas, garantindo o direito a indenização pelo dano material ou moral decorrente de sua violação.

g) Art. 5º, inciso XLI: dispõe que a lei punirá qualquer discriminação atentatória dos direitos e liberdades fundamentais (vide as Leis nºs 7.716/1989 e 9.029/1995).
h) Art. 7º, inciso XXX: proíbe diferença de salários, de exercício de funções e de critério de admissão por motivo de sexo, idade, cor ou estado civil.
i) Art. 7º, inciso XXXI: proíbe qualquer discriminação no tocante a salário e critérios de admissão do trabalhador portador de deficiência.
j) Art. 7º, inciso XXXII: proíbe a distinção entre trabalho manual, técnico e intelectual ou entre os profissionais respectivos;
k) Art. 170, incisos VII e VIII: dispõe que a ordem econômica, fundada na valorização do trabalho humano e na livre iniciativa, tem por fim assegurar a todos existência digna conforme os ditames da justiça social, observados os princípios da redução das desigualdades regionais e sociais e da busca do pleno emprego.
l) Art. 203, incisos I, III e IV: dispõe que a assistência social será prestada a quem dela necessitar, independentemente de contribuição à seguridade social, e tem por objetivos a proteção à família, à maternidade, à infância, à adolescência e à velhice, a promoção da integração ao mercado de trabalho e a habilitação e reabilitação das pessoas portadoras de deficiência e a promoção de sua integração à vida comunitária.

6.2. Legislação – Espécies de Discriminação

6.2.1. Gênero e Estado Civil

a) Art. 5º, inciso I, da CF/1988: dispõe que homens e mulheres são iguais em direitos e obrigações, nos termos da Constituição.
b) Art. 7º, inciso XVIII, da CF/1988: assegura a licença à gestante, sem prejuízo do emprego e do salário, com a duração de cento e vinte dias (vide art. 392-A da CLT, acrescentado pela Lei nº 10.421/2002, que estende este direito aos casos de adoção e guarda judicial de criança).
c) Art. 7º, inciso XIX, da CF/1988: assegura a licença-paternidade, nos termos fixados em lei.
d) Art. 7º, inciso XX, da CF/1988: assegura a proteção do mercado do trabalho da mulher, mediante incentivos específicos, nos termos da lei.
e) Art. 7º, inciso XXX, da CF/1988: proíbe diferença de salários, de exercício de funções e de critério de admissão por motivo de sexo, idade, cor ou estado civil.
f) Lei nº 9.029/1995: proíbe a exigência de atestados de gravidez e esterilização e outras práticas discriminatórias (vide arts. 1º, 2º, *caput* e incisos I e II, alíneas "a" e "b", e parágrafo único, incisos I a III; 3º; *caput* e incisos I e II; e 4º, *caput* e incisos I e II).

g) Lei nº 9.799/1999: insere na Consolidação das Leis do Trabalho regras sobre o acesso da mulher ao mercado de trabalho (vide arts. 373-A, *caput* e incisos I a VI, e parágrafo único; 390-B; 390-C; 390-E e 392-A, *caput* e §§ 1º ao 4º, da CLT).
h) Lei nº 7.999/1999: acresce o § 4º ao art. 392 da CLT, estabelecendo direitos à empregada gestante.

6.2.2. Raça e Cor

a) Art. 5º, inciso XLII, da CF/1988: imputação da prática do racismo como crime inafiançável e imprescritível, sujeito à pena de reclusão, nos termos da lei.
b) Art. 7º, inciso XXX, da CF/1988: proíbe diferença de salários, de exercício de funções e de critério de admissão por motivo de sexo, idade, **cor** ou estado civil.
c) Art. 140, § 3º, do Código Penal (injúria): causa de aumento da pena em razão da utilização de elementos referentes à **raça, cor, etnia**, religião ou origem.
d) Lei nº 7.716/1989: define os crimes resultantes de preconceitos de raça ou de cor.

6.2.3. Condição Física e Portador de Deficiência

a) Art. 7º, inciso XXXI, da CF/1988: proíbe qualquer discriminação no tocante a salário e critérios de admissão do trabalhador portador de deficiência.
b) Art. 37, inciso VIII, da CF/1988: dispõe que a lei reservará percentual dos cargos e empregos públicos para as pessoas portadoras de deficiência e definirá os critérios de sua admissão (vide art. 5º, § 2º, da Lei nº 8.112/1990, que assegura a reserva de até 20% do total das vagas oferecidas no concurso).
c) Art. 203, inciso III e IV, da CF/1988: dispõe que a assistência social será prestada a quem dela necessitar, independentemente de contribuição à seguridade social, e tem por objetivo a promoção da integração ao mercado de trabalho e a reabilitação das pessoas portadoras de deficiência e a promoção de sua integração à vida comunitária.
d) Lei nº 7.853/1989, com as alterações introduzidas pela Lei nº 8.028/1990: dispõe sobre o apoio às pessoas portadoras de deficiência, sua integração social nas áreas de educação, saúde, formação profissional e do trabalho, recursos humanos, edificações; institui a tutela jurisdicional de interesses coletivos e difusos dessas pessoas e disciplina a atuação do Ministério Público e cria a Coordenadoria Nacional para a Integração da Pessoa Portadora de Deficiência – CORDE (hoje integrada à Secretaria de Direitos Humanos do Ministério da Justiça, Lei nº 9.649/1998).
e) Art. 93, *caput*, incisos I a IV e § 1º, da Lei nº 8.913/1991: institui cota para os beneficiários reabilitados ou pessoas portadoras de deficiência, nas empresas com

100 (cem) ou mais empregados, condicionando a dispensa imotivada destes trabalhadores à contratação de substituto de condição semelhante.

f) Art. 20 da Lei nº 8.742/1993: dispõe sobre o benefício da prestação continuada, garantindo ao portador de deficiência carente e incapacitado para a vida independente e para o trabalho um salário mínimo mensal.
g) Lei nº 9.394/1996: estabelece diretrizes e bases de educação nacional. Define educação e habilitação profissional e tratamento especial a pessoas portadoras de deficiência e superdotados. Regulamentada pelo Decreto nº 2.208/1997.
h) Decreto nº 3.298/1999: regulamenta a Lei nº 7.853/1999, dispõe sobre a Política Nacional para a Integração da Pessoa Portadora de Deficiência, consolida normas de proteção e dá outras providências.
i) Lei nº 9.867/1999: dispõe sobre a criação de cooperativas sociais, nelas incluídas aquelas formadas por portadores de deficiência, dependentes químicos, egressos do sistema prisional, condenados a penas alternativas à detenção e adolescentes em idade adequada ao trabalho, que se encontrem em difícil situação econômica.
j) Lei nº 10.098/2000: estabelece normas gerais e critérios básicos para a promoção da acessibilidade das pessoas portadoras de deficiência ou com mobilidade reduzida.

6.2.4. Idade

a) Art. 7º, inciso XXX, da CF/1988: proíbe diferença de salários, de exercício de funções e de critério de admissão por motivo de sexo, **idade**, cor ou estado civil.
b) Art. 7º, inciso XXXIII, da CF/1988: proíbe o trabalho noturno, perigoso ou insalubre a menores de dezoito e de qualquer trabalho a menores de dezesseis anos, salvo na condição de aprendiz, a partir de quatorze anos.
c) Art. 203, incisos I e III, da CF/1988: dispõe que a assistência social será prestada a quem dela necessitar, independentemente de contribuição à seguridade social, e tem por objetivos a proteção à família, à maternidade, à infância, à adolescência e à velhice e a promoção da integração ao mercado de trabalho.
d) Art. 227, *caput* e parágrafos, da CF/1988: proteção especial à infância e dirigida à criança e ao adolescente, prevendo a idade mínima para ingresso no mercado de trabalho e a garantia de direitos trabalhistas e previdenciários.
e) Art. 230, *caput*, da CF/1988: dispõe que a família, a sociedade e o Estado têm o dever de amparar as pessoas idosas, assegurando sua participação na comunidade, defendendo sua dignidade e bem-estar e garantindo-lhes o direito à vida.
f) Lei nº 8.842/1994 (Plano Nacional do Idoso): dispõe que o idoso não deve sofrer discriminação de qualquer natureza (art. 1º, inciso III); que as áreas do trabalho e previdência social devem garantir mecanismos que impeçam a discriminação do

idoso quanto à sua participação no mercado de trabalho, no setor público e privado (art. 10, inciso IV, alínea "a") e priorizar o atendimento do idoso nos benefícios previdenciários (art. 10, inciso IV, alínea "b") e que à área de justiça cabe promover e defender os direitos da pessoa idosa e zelar pela aplicação das normas sobre o idoso determinando ações para evitar abusos e lesões a seus direitos (art. 10, inciso VI, alíneas "a" e "b").

g) Lei nº 10.741/2003 (Estatuto do Idoso): dispõe que nenhum idoso será objeto de qualquer tipo de negligência, discriminação, violência, crueldade ou opressão, e todo atentado aos seus direitos, por ação ou omissão, será punido na forma da lei (art. 4º, *caput*) e que, na admissão do idoso em qualquer trabalho ou emprego, é vedada a discriminação e a fixação de limite máximo de idade, inclusive para concursos, ressalvados os casos em que a natureza do cargo o exigir (art. 27, *caput*). Nos arts. 73 e seguintes, trata-se das atribuições do Ministério Público.

6.2.5. Religião e Cultura

a) Art. 5º, inciso VI, da CF/1988: assegura a inviolabilidade da liberdade de consciência e de crença, sendo assegurado o livre exercício dos cultos religiosos e garantida, na forma da lei, a proteção aos locais de culto e as suas liturgias.

b) Art. 215, *caput* e § 1º, da CF/1988: dispõe que o Estado garantirá a todos o pleno exercício dos direitos culturais e acesso às fontes da cultura nacional, e apoiará e incentivará a valorização e a difusão das manifestações culturais, assim como protegerá as manifestações das culturas populares, indígenas e afro-brasileiras, e das de outros grupos participantes do processo civilizatório nacional.

c) Art. 231 da CF/1988: assegura aos índios o reconhecimento de sua organização social, costumes, línguas, crenças e tradições, e os direitos originários sobre as terras que tradicionalmente ocupam, competindo à União demarcá-las, proteger e fazer respeitar todos os seus bens.

d) Art. 232 da CF/1988: assegura aos índios e suas comunidades e organizações a legitimidade para ingressar em juízo em defesa de seus direitos e interesses, intervindo o Ministério Público em todos os atos do processo.

IX REDUÇÃO À CONDIÇÃO ANÁLOGA À DE ESCRAVO

Este tema foi abordado na prova prática do seguinte concurso público do Ministério Público do Trabalho:

Em se considerando que o trabalho prestado por pessoas reduzidas à condição análoga à de escravo é gênero, disserte sobre as suas espécies, enfocando, inclusive, normas internacionais aplicáveis à hipótese. (Concurso XIV do MPT)

1. Introdução

Muito embora a escravidão possa ser considerada como a primeira forma de exploração do trabalho humano, tendo seu apogeu na Antigüidade – e perdurando, no Brasil, até o final do período imperial –, é certo que, existem inúmeros casos de trabalhos escravos ou forçados e/ou outras formas degradantes de trabalho na sociedade contemporânea.

Ainda que apresente distinções com relação à chamada escravidão clássica, a escravidão contemporânea não deixa, por esse simples motivo, de ser tão indigna quanto aquela, violando fundamentos da própria República Federativa do Brasil, como os da cidadania, da dignidade da pessoa humana e dos valores sociais do trabalho (CF/1988, art. 1º, II, III e IV).

A "*senzala moderna*" é o barracão de lona incrustado em localidades inóspitas e de difícil acesso, ponto final de uma viagem que se inicia com o aliciamento de trabalhadores, através dos conhecidos "gatos" ou diretamente pelos tomadores de serviços, em diversas regiões do Estado brasileiro.

As precárias habitações, as péssimas condições de trabalho e de higiene e a configuração da chamada "*servidão por dívidas*" (*truck system*), esta última como relevante fator inibidor da liberdade de ir e vir do trabalhador, são algumas das características desta chaga social que constitui indelével mancha no processo civilizatório nacional.

2. Conceito de Trabalho Escravo ou Forçado

O primeiro tratado internacional proibindo a escravidão, firmado pela Liga das Nações Unidas (antecessora da ONU), data de 1926, assim dispondo em seu art. 1º, *in litteris*:

Escravidão é o estado e a condição de um indivíduo sobre o qual se exercem, total ou parcialmente, alguns ou todos os atributos do direito de propriedade.

Com a finalidade de se evitarem comparações inócuas, o que poderia acarretar forte sentimento de insensibilidade social, muitos autores preferem as expressões "*trabalho forçado*" ou "*formas contemporâneas de escravidão*", para designarem esse tipo de exploração do trabalho humano.

A Convenção nº 29 da Organização Internacional do Trabalho utiliza-se da expressão "*trabalho forçado ou obrigatório*", nos seguintes termos:

> *Art. 1º – 1. Todo País-membro da Organização Internacional do Trabalho que ratificar esta Convenção compromete-se a abolir a utilização do trabalho forçado ou obrigatório, em todas as suas formas, no mais breve espaço de tempo possível.*
>
> *Art. 2º – 1. Para fins desta Convenção, a expressão "trabalho forçado ou obrigatório" compreenderá todo trabalho ou serviço exigido de uma pessoa sob a ameaça de sanção e para o qual não se tenha oferecido espontaneamente.*

O trabalho escravo ou forçado, contudo, segundo conceito mais moderno, não se limitaria àquele para o qual o trabalhador não se tenha oferecido de forma espontânea, haja vista situações em que este é enganado por falsas promessas de excelentes condições de trabalho e de remuneração.

Para a caracterização do trabalho escravo ou forçado, dentro de uma visão mais clássica, seria imprescindível que o trabalhador fosse coagido a permanecer prestando serviços, impossibilitando ou dificultando, sobremaneira, o seu desligamento.

De acordo com o ilustre Subprocurador-Geral do Trabalho, Luís Antônio Camargo de Melo, Ex-Coordenador da Coordenadoria Nacional de Erradicação do Trabalho Escravo, em artigo publicado na Revista do Ministério Público do Trabalho n. 26 (p. 11/33), esta coação pode ser de três ordens.

A primeira, a *coação moral*, quando o tomador dos serviços, valendo-se da pouca instrução e do elevado senso de honra pessoal dos trabalhadores, geralmente pessoas pobres e sem escolaridade, submete-os a elevada dívidas, constituídas fraudulentamente com a finalidade de impossibilitar o desligamento do trabalhador. É o chamado regime da "servidão por dívidas" (*truck system*), vedado em nosso ordenamento jurídico.

A segunda, a *coação psicológica*, quando os trabalhadores que desejam se desligar do trabalho são ameaçados de sofrer violência, a fim de que permaneçam trabalhando. Essas ameaças se dirigem, normalmente, à integridade física dos obreiros, sendo comum, em algumas localidades, a utilização de empregados armados para exercerem essa coação.

Também a ameaça de abandono do trabalhador à sua própria sorte, em determinados casos, constitui-se em poderoso instrumento de coação psicológica, haja vista que, muitas vezes, o local da prestação de serviços é distante e inóspito, situado a centenas de quilômetros das cidades ou distrito mais próximo.

A terceira e última, a *coação física*, quando os trabalhadores são submetidos a castigos físicos, chegando até mesmo a serem assassinados, para servir como exemplo àqueles que pretendam enfrentar o tomador dos serviços.

Outros eficazes métodos de coação costumam ainda ser utilizados, como, por exemplo, a apreensão de documentos e de objetos pessoais dos trabalhadores.

Assim sendo, dentro dessa mesma concepção clássica, o ilustre membro do Ministério Público do Trabalho assim conceitua:

> Considerar-se-á trabalho escravo ou forçado toda modalidade de exploração do trabalhador em que este esteja impedido, moral, psicológica e/ou fisicamente, de abandonar o serviço, no momento e pelas razões que entender apropriadas, a despeito de haver, inicialmente, ajustado livremente a prestação dos serviços (*op. cit.*, p. 14).

De acordo com esta corrente, poder-se-iam identificar péssimas condições de trabalho e de remuneração sem que estivéssemos diante de mais um caso de trabalho escravo ou forçado. Isso ocorreria sempre que o trabalhador tivesse garantida, no mínimo, sua liberdade de locomoção e de autodeterminação, podendo deixar, a qualquer tempo, de prestar serviços ao seu empregador. Estaríamos, neste caso, diante de uma das formas degradantes de trabalho, mas não de trabalho escravo ou forçado.

Atualmente, a palavra "*escravidão*" passou a significar uma variedade maior de violações dos direitos humanos.

O constituinte, ao erigir a dignidade da pessoa humana a fundamento da República Federativa do Brasil (CF/1988, art. 1º, III), buscou, na verdade, enfatizar que os pilares do Estado Democrático de Direito se apóiam nesta noção.

Repise-se que o direito ao trabalho deve ser entendido como o direito ao trabalho em condições decentes, de forma a assegurar a sua valorização social, assim como o efetivo respeito à dignidade da pessoa humana do trabalhador.

Com relação ao conceito de trabalho degradante, cite-se o ilustre Procurador Regional do Trabalho José Cláudio Monteiro de Brito Filho (*Trabalho Decente* – Análise Jurídica da Exploração do Trabalho – Trabalho Forçado e Outras Formas de Trabalho Indigno, São Paulo: LTr, 2004), *in litteris*:

> (...) pode-se dizer que trabalho em condições degradantes é aquele em que há a falta de garantias mínimas de saúde e segurança, além da ausência de condições mínimas de trabalho, de moradia, higiene, respeito e alimentação. Tudo devendo ser garantido – o que deve ser esclarecido, embora pareça claro – em conjunto; ou seja, e em contrário, a falta de um desses elementos impõe o reconhecimento do trabalho em condições degradantes.

Registre-se, contudo, que o conceito de trabalho escravo contemporâneo, em sua concepção clássica, mostrou-se assaz incompleto, uma vez que enfatiza somente a supressão da liberdade de locomoção e de autodeterminação, não se reportando à garantia da dignidade da pessoa humana do trabalhador.

A norma prevista no art. 149 do Código Penal, com a nova redação dada pela Lei nº 10.803/2003, referente ao crime de redução à condição análoga à de escravo, vem contribuir para a efetiva ampliação do conceito de trabalho escravo contemporâneo.

De acordo com o referido preceito legal:

> *Art. 149. Reduzir alguém a condição análoga à de escravo, quer submetendo-o a trabalhos forçados ou a jornada exaustiva, quer sujeitando-o a condições degradantes de trabalho, quer restringindo, por qualquer meio, sua locomoção em razão de dívida contraída com o empregador ou preposto:*
> *Pena – reclusão, de 2 (dois) a 8 (oito) anos, e multa, além da pena correspondente à violência.*
> *§ 1º Nas mesmas penas incorre quem:*
> *I – cerceia o uso de qualquer meio de transporte por parte do trabalhador, com o fim de retê-lo no local de trabalho;*
> *II – mantém vigilância ostensiva no local de trabalho ou se apodera de documentos ou objetos pessoais do trabalhador, com o fim de retê-lo no local de trabalho.*
> *§ 2º A pena é aumentada de metade, se o crime é cometido:*
> *I – contra criança ou adolescente;*
> *II – por motivo de preconceito de raça, cor, etnia, religião ou origem.*

Este comando normativo permite entender o trabalho prestado por pessoas reduzidas à condição análoga à de escravos como gênero, sendo suas espécies o trabalho forçado e o trabalho degradante.

Dentro desta mesma concepção contemporânea, cite-se, mais uma vez, o ilustre jurista José Cláudio Monteiro de Brito Filho (op. cit.):

> Feita a análise, podemos definir trabalho em condições análogas à condição de escravo como o exercício do trabalho humano em que há restrição, em qualquer

forma, à liberdade do trabalhador, e/ou quando não são respeitados os direitos mínimos para o resguardo da dignidade do trabalhador.

Os trabalhos forçado e degradante negam ao trabalhador os direitos mínimos assecuratórios de sua dignidade enquanto pessoa humana. Assim, na forma contemporânea de escravidão, antes de se ofender a liberdade individual do trabalhador, viola-se a sua dignidade, que consiste no atributo que o diferencia em relação aos demais seres vivos.

Não tem mais sentido, portanto, a tentativa de descaracterizar o trabalho em condições degradantes, como se este não pudesse ser entendido como espécie de trabalho escravo.

Por fim, a abolição desta forma vil de exploração do trabalho humano é preconizada pela Convenção nº 105 da Organização Internacional do Trabalho, nos seguintes termos:

> *Art. 1º Todo País-membro da Organização Internacional do Trabalho que ratificar esta Convenção compromete-se a abolir toda forma de trabalho forçado ou obrigatório e dele não fazer uso: a) como medida de coerção ou de educação política ou como punição por ter ou expressar opiniões políticas ou pontos de vista ideologicamente opostos ao sistema político, social e econômico vigente; b) como método de mobilização e de utilização da mão-de-obra para fins de desenvolvimento econômico; c) como meio de disciplinar a mão-de-obra; d) como punição por participação em greves; e) como medida de discriminação racial, social, nacional ou religiosa.*
> *Art. 2º Todo País-membro da Organização Internacional do Trabalho que ratificar esta Convenção compromete-se a adotar medidas para assegurar a imediata e completa abolição do trabalho forçado ou obrigatório, conforme estabelecido no Art. 1º desta Convenção.*

3. Caracterização do Trabalho Escravo Contemporâneo

Considerando este conceito hodierno de escravidão, poderíamos enumerar, a título de exemplificação, algumas características recorrentes nessa forma vil de exploração do trabalho humano:

a) utilização de trabalhadores, pela intermediação de mão-de-obra por parte dos chamados “gatos” ou “fraudoperativas” (designação dada àquelas cooperativas de trabalho fraudulentas);
b) aliciamento de trabalhadores em outros Municípios e Estados, através dos “gatos” ou diretamente pelos tomadores;
c) trabalho em localidades distantes e inóspitas, de difícil acesso, muitas vezes somente acessível por via aérea ou em carros especialmente adaptados ao trajeto;

d) configuração do regime da "servidão por dívidas" (*truck system*), que consiste no endividamente ilícito dos trabalhadores, como mecanismo de inviabilizar o rompimento da relação de trabalho;
e) alojamentos sem as mínimas condições de habitação e falta de instalações sanitárias;
f) falta ou fornecimento inadequado de boa alimentação e de água potável;
g) falta de fornecimento gratuito de instrumentos para a prestação de serviços;
h) falta de fornecimento gratuito de equipamentos de proteção individual de trabalho;
i) falta de fornecimento de materiais de primeiros socorros;
j) não utilização de transporte seguro e adequado aos trabalhadores;
k) inobservância da legislação trabalhista (a ausência de registro do contrato de trabalho na CTPS e o descumprimento dos direitos sociais dos obreiros);
l) falta de exames médicos admissionais, periódicos e demissionais;
m) exploração do trabalho infantil, indígena, da mulher e do idoso, sem a observância das normas proibitivas e tutelares da legislação pertinente;
n) prestação de serviços sob vigilância armada e/ou com retenção de documentos ou objetos pessoais;
o) emprego de outros métodos de coação física, moral e psicológica, além de casos de castigos físicos e abuso sexual; entre outras.

Os trabalhadores, via de regra, são aliciados, pelos "gatos" ou diretamente pelos tomadores, em regiões distantes do local do trabalho (outros Estados e Municípios), sob falsas promessas de excelentes condições de trabalho e remuneração.

São transportados para localidades inóspitas, sendo-lhes cobrado o valor do transporte, da hospedagem, assim como de instrumentos de trabalho e de equipamentos de proteção individual; estes últimos quando exigidos pelo trabalhador.

Muitas vezes, quando não são instalados em alojamentos em péssimas condições de higiene e de segurança, os próprios trabalhadores pagam pelo material a ser utilizado na construção dos barracões de lona.

Os alimentos e materiais de higiene e de uso pessoal são adquiridos a preços superfaturados nos armazéns explorados pelos "gatos" ou pelos próprios tomadores dos serviços.

Todas essas "despesas" são anotadas e, posteriormente, descontadas da baixa remuneração do trabalhador, o que implica o constante endividamento do obreiro, tolhendo a sua liberdade de locomoção e de autodeterminação.

Ainda que flagrantemente ilegais esses descontos, a falta de cidadania, o baixo nível cultural e o sentimento de honra desses trabalhadores, além das constantes ameaças e coações de ordem física, moral e psicológica, impedem o desligamento espontâneo da atividade laboral.

O Ministério Público do Trabalho e o Ministério do Trabalho e Emprego, com a participação da Polícia Federal, vêm apurando denúncias de parceiros institucionais, como a Comissão Pastoral da Terra – CPT, a Federação dos Trabalhadores na Agricultura – FETAGRI's, o Ministério Público Federal, e a Organização Internacional do Trabalho – OIT, e realizando fiscalizações em todo o território nacional, notadamente nas Regiões Norte e Centro-Oeste, a fim de promover as ações e diligências necessárias à extinção deste mal que consiste em indelével chaga no processo civilizatório nacional.

X REVISTA ÍNTIMA

Este tema foi abordado na prova subjetiva do seguinte concurso público do Ministério Público do Trabalho:

Disserte a respeito do direito à intimidade e de sua violação ou não pelas revistas realizadas nos(as) trabalhadores(as), nos estabelecimentos onde prestam serviço, discorrendo ainda a respeito da revista como medida de proteção do patrimônio do empregador e da segurança de seus empregados e de seus clientes. (Concurso XIII do MPT)

1. Introdução

Consoante o disposto no art. 1º, incisos III e IV, da Constituição Federal, a República Federativa do Brasil, enquanto Estado Democrático de Direito, possui como fundamentos a dignidade da pessoa humana e os valores sociais do trabalho.

O direito ao trabalho é erigido pelo art. 6º da Carta Magna como verdadeiro direito social, de ordem fundamental, integrando o rol dos chamados direitos humanos de segunda geração ou dimensão.

E quando o legislador constituinte escreve direito ao trabalho, leia-se direito ao trabalho digno, haja vista a necessidade de se imprimir uma interpretação de cunho sistemático, com vistas a buscar a unidade constitucional.

Por sua vez, estabelece o art. 170, *caput*, da Constituição da República que a ordem econômica, fundada na valorização do trabalho humano e na livre iniciativa, tem por fim assegurar a todos existência digna, conforme os ditames da justiça social, observados, entre outros, os princípios da função social da propriedade e da busca do pleno emprego.

E como corolário direto dos princípios da dignidade da pessoa humana e da valorização social do trabalho, o art. 5º, inciso X, do Texto Constitucional assegura a inviolabilidade da intimidade, da vida privada, da honra e da imagem das pessoas, assegurando o direito à indenização pelo dano material ou moral decorrente de sua violação.

2. Inviolabilidade da Intimidade e da Vida Privada

Nas lições de Alexandre de Moraes (*Direito Constitucional*, 17. ed., São Paulo: Atlas, 2005, p. 47):

> Os direitos à intimidade e à própria imagem formam a proteção constitucional à vida privada, salvaguardando um espaço íntimo intransponível por intromissões ilícitas externas.
>
> A proteção constitucional consagrada no inciso X do art. 5º refere-se tanto a pessoas físicas quanto a pessoas jurídicas, abrangendo, inclusive, a necessária proteção à própria imagem frente aos meios de comunicação em massa (televisão, rádio, jornais, revistas etc.).
>
> Os conceitos constitucionais de intimidade e vida privada apresentam grande interligação, podendo, porém, ser diferenciados por meio da menor amplitude do primeiro, que se encontra no âmbito de incidência do segundo.
>
> Assim, intimidade relaciona-se às relações subjetivas e de trato íntimo da pessoa, suas relações familiares e de amizade, enquanto vida privada envolve todos os demais relacionamentos humanos, inclusive os objetivos, tais como relações comerciais, de trabalho, de estudo etc.

Dessa forma, o legislador constituinte erigiu a inviolabilidade dessas relações subjetivas e de trato íntimo (intimidade), bem como as demais relações humanas, incluindo as objetivas (vida privada), como direito fundamental do cidadão.

Assim sendo, no âmbito do Direito do Trabalho, qualquer ato e/ou conduta da parte contratante (empregado ou empregador) que viole este direito assegurado constitucionalmente pode acarretar o ressarcimento pelos eventuais danos materiais e morais advindos desse comportamento.

3. Revista Íntima

O art. 373-A da CLT, incluído pela Lei nº 9.799/1999, em seu inciso VI, no capítulo concernente à proteção do trabalho da mulher, dispõe ser vedado "*proceder o empregador ou preposto a revistas íntimas nas empregadas ou funcionárias*".

Por certo esta proibição não se limita ao gênero feminino, abrangendo, por isonomia, os trabalhadores masculinos, haja vista o teor da disposição contida no inciso I do art. 5º da Constituição Federal, que preconiza a igualdade de direitos e de obrigações entre homens e mulheres.

Tanto a doutrina como a jurisprudência não vacilam com relação à ilegalidade de revistas procedidas pelo empregador que importem contatos físicos ou exposição visual de partes do corpo, colocando o obreiro em situação vexatória e constrangedora, em flagrante ofensa ao seu direito à intimidade.

É certo que um dos principais efeitos inerentes ao contrato de trabalho são os poderes conferidos ao empregador no contexto da estrutura e da dinâmica da atividade empresarial.

De acordo Mauricio Godinho Delgado (*Curso de Direito do Trabalho*, 6. ed. São Paulo: LTr, 2007, p. 631):

> Poder empregatício é o conjunto de prerrogativas asseguradas pela ordem jurídica e tendencialmente concentradas na figura do empregador, para exercício no contexto da relação de emprego. Pode ser conceituado, ainda, como o conjunto de prerrogativas com respeito à direção, regulamentação, fiscalização e disciplinamento da economia interna à empresa e correspondente prestação de serviços.

Consoante se depreende do próprio conceito de empregador, previsto no art. 2º da CLT, este é quem assume os riscos da atividade econômica, assim como do próprio trabalho executado.

Assim sendo, a ele devem ser asseguradas pela lei prerrogativas que possibilitem a direção do empreendimento, desde que, é claro, sejam exercidas dentro dos limites também estipulados pelo próprio ordenamento jurídico.

Em resumo, os poderes do empregador lhe possibilitam empreender a organização e a fiscalização da estrutura e da dinâmica empresariais.

Ainda de acordo com o eminente magistrado mineiro, o poder diretivo, ou também denominado poder organizativo ou de comando, é a modalidade ou desdobramento do poder empregatício correspondente à organização da estrutura e da dinâmica empresariais, inclusive quanto aos métodos da execução do trabalho, por meio de regras técnico-operacionais.

Conforme já exposto, esse poder de organização e direção concentra-se na figura do empregador, em face do controle jurídico que exerce em toda a dinâmica empresarial, além da aplicação do princípio da assunção dos riscos do empreendimento.

O poder fiscalizatório, também denominado poder de controle, assim como o poder regulamentar, é corolário direto do poder diretivo do empregador, sendo, em regra, realizado como pressuposto do poder disciplinar, correspondendo ao acompanhamento contínuo da prestação dos serviços e à vigilância efetiva da dinâmica empresarial.

No entanto, os fundamentos e princípios previstos na ordem constitucional vigente vedam a realização de condutas fiscalizatórias e de controle da prestação dos serviços que ofendam a liberdade e a dignidade da pessoa humana do trabalhador. Neste contexto, citamos as revistas íntimas, que se traduzem em verdadeiro abuso do exercício do poder diretivo e fiscalizatório, incidindo em grave arbitrariedade patronal.

Cumpre salientar, outrossim, que a extensão do conceito de "revista íntima" vem sendo objeto de cizânia doutrinária e jurisprudencial, notadamente com relação aos posicionamentos divergentes adotados pelo Ministério Público do Trabalho e pela iterativa jurisprudência do C. Tribunal Superior do Trabalho.

A Coordenadoria Nacional de Promoção de Igualdade de Oportunidades e Eliminação da Discriminação no Trabalho do Ministério Público do Trabalho – Coordigualdade foi criada em 28 de outubro de 2002, por meio da Portaria nº 273, do Procurador-Geral do Trabalho, sendo produto da atividade embrionária de inserção da pessoa com deficiência.

Conta com representantes na Procuradoria-Geral do Trabalho e em todas as Regionais (sede e Ofícios, especialmente aqueles que estão localizados nas capitais de Estados-membros).

Seus objetivos principais são: definir estratégias coordenadas e integradas de política de atuação institucional, em consonância com o princípio da unidade, respeitada a independência funcional, no combate à exclusão social e à discriminação no trabalho, fomentando a troca de experiências e discussões sobre o tema, bem como a atuação ágil onde necessária se faça a presença do Ministério Público do Trabalho, integrando seus membros no plano nacional, de forma uniforme e coordenada.

Sua atuação ocorre, principalmente, em torno de três eixos temáticos: combate à discriminação a trabalhadores; inclusão nos ambientes de trabalho da pessoa com deficiência ou reabilitada e proteção da intimidade dos trabalhadores.

Durante a III Reunião Nacional da Coordigualdade, realizada nos dias 26 e 27 de abril de 2004, foi aprovada orientação no sentido de que não serão admitidas revistas íntimas dos empregados, assim compreendidas aquelas que importem contato físico e/ou exposição visual de partes do corpo ou objetos pessoais.

Desse modo, na ótica do Ministério Público do Trabalho, a revista a bens pessoais do empregado encontra-se igualmente contida no conceito de revista íntima, ofendendo a sua prática a inviolabilidade do direito à intimidade, assegurado por força constitucional.

Na visão do Órgão Ministerial, os pertences pessoais do trabalhador, conduzidos em bolsas, sacolas e/ou mochilas, quando da ida e do retorno ao trabalho, consistem em extensão da própria intimidade do obreiro.

Como se sabe, não existe direito de caráter absoluto. Assim, muitas vezes faz-se necessária a realização de verdadeira ponderação de interesses, de modo que um princípio de ordem constitucional termine se sobrepondo a outro, diante de um determinado caso concreto. Trata-se da aplicação do método de interpretação constitucional da harmonização ou da concordância prática.

De um lado, se posicionam os princípios da dignidade da pessoa humana do trabalhador, da valorização social do trabalho, da função social da propriedade, da intimidade e da vida privada; do outro lado, coloca-se o direito de propriedade do empregador, assim como a utilização dos mecanismos necessários à preservação do seu patrimônio.

Contudo, consoante o entendimento que vem sendo adotado pelo Ministério Público do Trabalho, existem outros métodos eficazes de controle do patrimônio que podem ser utilizados pelo empregador, sem que resulte violação a direitos fundamentais da classe obreira, bem como à sua própria dignidade.

A jurisprudência iterativa do C. Tribunal Superior do Trabalho vem, porém, tolerando a revista pessoal, desde que realizada de forma moderada, sem imposição de constrangimentos ao empregado, assim como contatos físicos ou exposições visuais do corpo.

Segundo esta vertente, a legalidade dessas revistas a objetos pessoais do trabalhador encontraria fundamento no próprio poder diretivo e fiscalizatório do empregador.

Nesse sentido, os seguintes precedentes:

> "Indenização por danos morais. Revista em bolsas e sacolas dos empregados. I – A revista realizada com moderação e razoabilidade não caracteriza abuso de direito ou ato ilícito, constituindo, na realidade, exercício regular do direito do empregador inerente ao seu poder diretivo e de fiscalização. Dessa forma, a revista em bolsas, sacolas ou mochilas dos empregados sorteados para tanto, sem que se proceda à revista íntima e sem contato corporal, mas apenas visual do vistoriador, e em caráter geral relativamente aos empregados de mesmo nível hierárquico, não denuncia excesso do empregador, inabilitando a autora à percepção da indenização por danos morais. II – Recurso conhecido a que se nega provimento". (TST-RR-5492/2005-050-12-00.3, 4ª T. Rel. Min. Barros Levenhagen, DJ de 09/11/2007)
>
> "Dano moral. Revista em bolsas. Inocorrência. (...) 3.1. Encontrando lastro no art. 159 do Código Civil de 1916, à época dos fatos, a obrigação de reparar o dano moral (Constituição Federal, art. 5º, caput e incisos V e X), pressupõe ação ou omissão ilícitas, assim não se caracterizando o exercício regular de direito (Código Civil de 1916, art. 160). 3.2. O exercício do poder diretivo não constituirá abuso de direito, quando não evidenciados excessos, praticados pelo empregador ou seus prepostos. 3.3. A tipificação do dano, em tal caso, exigirá a adoção, por parte da empresa, de procedimentos que levem o trabalhador a sofrimentos superiores aos que a situação posta em exame, sob condições razoáveis, provocaria. 3.4. A moderada revista em bolsas e sacolas ou pastas, quando não acompanhada de atitudes que exponham a intimidade do empregado ou que venham a ofender publicamente

o seu direito à privacidade, não induz à caracterização de dano moral sobretudo quando o prejuízo íntimo sequer é alegado. Dano moral não configurado. Recurso de revista provido." (TST-RR-615854/1999.8, 3ª T., Rel. Min. Alberto Bresciani, DJU de 10/11/2006)

"Dano moral. Indenização. Revista em bolsas e sacolas ao término do expediente. A revista de bolsas e sacolas dos empregados como procedimento interno e geral da empresa, em que o próprio empregado abre sua bolsa, não configura prática excessiva de fiscalização, capaz de atinar contra a dignidade e o bem-estar de seus empregados. Essa prática não atenta contra o princípio da presunção de boa-fé ínsito das relações interpessoais, visto que a potencialidade de ofensa das revistas é mínima e passível de ser suportada pelo senso comum. Recurso de Revista de que se conhece e a que se dá provimento." (TST-RR-301/2003-009-04-00.0, 5ª T., Rel. Min. João Batista Brito Pereira, DJ de 19/08/2005)

"Revista rotineira na bolsa e sacolas de funcionários. Horário de saída do trabalho. Local reservado. Caráter não abusivo nem vexatório. Ausência de ofensa à honra e dignidade da pessoa. Dano moral. Inocorrência. A revista rotineira de bolsas e sacolas do pessoal da empresa, no horário de entrada e saída do serviço, constitui procedimento legítimo a ser utilizado pelo empregador como meio de proteção de seu patrimônio, ou como forma de tutela de sua integridade física e de seus empregados. Efetivamente, a maneira como realizada a revista, é que definirá a ocorrência ou não de dano moral. Nesse contexto, somente enseja o pagamento de indenização por dano moral, a revista em que o empregador extrapola o seu poder diretivo, mostrando-se abusiva, por constranger os empregados, colocando-os em situações ultrajantes, em frontal desrespeito à honra e à intimidade da pessoa humana. Na hipótese dos autos, segundo o quadro fático definido pelo Regional, não se pode considerar abusiva, nem vexatória, a revista, não ensejando, portanto, a condenação a indenização por dano moral, já que a revista foi realizada mediante o exame de sacolas e bolsas ao final do expediente, sem que o segurança sequer tocasse no empregado. Recurso de revista conhecido e provido." (TST-RR-250/2001-661-09-00, 4ª T., Rel. Juiz Convocado José Antônio Pancotti, DJ de 03/02/2006)

"Indenização por danos morais. Revista em bolsas e sacolas dos empregados. I – A revista realizada com moderação e razoabilidade não caracteriza abuso de direito ou ato ilícito, constituindo, na realidade, exercício regular do direito do empregador inerente ao seu poder diretivo e de fiscalização. Dessa forma, a revista em bolsas, sacolas ou mochilas dos empregados sorteados para tanto, sem que se proceda à revista íntima e sem contato corporal, mas apenas visual do vistoriador, e em caráter geral relativamente aos empregados de mesmo nível hierárquico, não denuncia excesso do empregador, inabilitando a autora à percepção da indenização por danos morais. Recurso provido." (TST-RR-1229/2005-661-09-00.4, 4ª T., Rel. Min. Barros Levenhagen, julgado em 19/09/2007)

XI RESPONSABILIDADE CIVIL DO EMPREGADOR NO ACIDENTE DE TRABALHO

Este tema foi abordado nas provas subjetivas dos seguintes concursos da Magistratura do Trabalho e do Ministério Público do Trabalho:

À luz do direito positivo vigente é cabível a responsabilidade objetiva do empregador quanto ao acidente de trabalho? (XII Concurso da Magistratura do TRT-18ª Região)

Disserte sobre a responsabilidade civil do empregador por dano moral e material, decorrente de acidente do trabalho. (Concurso XIII do MPT)

1. Introdução

O tema da responsabilidade civil sempre instigou a doutrina em vários de seus aspectos, ganhando relevo na seara trabalhista a partir da recente mudança de posicionamento da jurisprudência do E. Supremo Tribunal Federal no tocante à competência para julgamento das demandas que veiculam pretensão de pagamento de indenização por danos morais e materiais decorrentes de acidente de trabalho.

A Suprema Corte, através da Súmula 736, já se posicionava pela competência da Justiça do Trabalho para julgar as ações que tenham como causa de pedir o descumprimento de normas trabalhistas relativas à segurança, higiene e saúde dos trabalhadores.

No entanto, o E. Supremo Tribunal Federal, numa primeira interpretação do inciso I do art. 109 do Texto Constitucional, vinha entendendo que as ações de indenização por danos morais e patrimoniais decorrentes de acidente de trabalho, ainda que movidas pelos empregados em face de seus ex-empregadores, seriam da competência da Justiça Comum Estadual.

Quando do julgamento do Conflito de Competência nº 7.204-1, o Plenário da Suprema Corte, revisando a matéria, posicionou-se no sentido de que a norma prevista no art. 114 da Carta Magna, já em sua redação originária, assegurava a competência à Justiça Laboral, para o julgamento dessas ações, reconhecendo que a interpretação até então conferida ao preceito contido no inciso I do art. 109 estaria impregnada pela jurisprudência firmada à luz dos Textos Constitucionais anteriores.

Assim, de acordo com o entendimento atual do E. Supremo Tribunal Federal, a Justiça do Trabalho é a competente para apreciar e julgar as ações que envolvam o pedido de pagamento de indenização por danos morais e materiais em decorrência de acidente de trabalho.

É dentro desse panorama jurídico que vem ganhando cada vez mais espaço na doutrina justrabalhista a discussão acerca do tema atinente à responsabilidade civil do empregador no acidente de trabalho, notadamente à luz do novo Código Civil, que inovou a questão ao instituir, no parágrafo único de seu art. 927, a responsabilidade civil objetiva com base na teoria do risco criado.

Isso tudo sem perder de vista, é claro, o preceito contido na segunda parte do inciso XXVIII do art. 7º da Constituição da República, que, ao menos à primeira vista, condicionaria a responsabilização do empregador à configuração de sua culpabilidade.

Diante dessas posições jurisprudenciais e disposições legais e constitucionais é que os operadores do Direito do Trabalho se debruçam na seguinte indagação: qual seria, enfim, a natureza da responsabilidade civil do empregador em decorrência de acidente de trabalho?

É sobre este tema que passaremos a discorrer, pedindo de antemão as devidas vênias a todos os respeitáveis entendimentos doutrinários em sentido contrário, os quais, em conjunto com o que será aqui exposto, contribuirão, por certo, para fomentar ainda mais os olhares atentos de nossos doutos profissionais do Direito na questão em tela.

2. A Responsabilidade Civil no Código Civil Brasileiro

O art. 186 do Código Civil vigente dispõe que aquele que, por ação ou omissão voluntária, negligência ou imprudência, violar direito e causar dano a outrem, ainda que exclusivamente moral, comete ato ilícito.

Extrai-se do preceito acima destacado que a noção de culpa em sentido amplo (dolo e culpa em sentido estrito) encontra-se dentro do próprio conceito de ato ilícito.

Por sua vez, o art. 927, *caput*, do mesmo Código atribui ao causador de dano a outrem, em decorrência da prática de ato ilícito, a obrigação de repará-lo.

Dessa forma, como regra geral, a responsabilidade civil a ser imputada ao agente que causa dano a outrem é de natureza subjetiva, perquirindo-se, além do nexo de causalidade existente entre a conduta (causa) e o dano (efeito), a sua culpabilidade (culpa ou dolo).

A responsabilidade civil objetiva sempre foi tratada como exceção a esta regra, condicionando-se a sua aplicabilidade à expressa previsão legal.

Cite-se, como exemplo típico, a disposição contida no art. 37, § 6º, da Constituição da República, que atribui responsabilidade civil objetiva às pessoas jurídicas de direito público e as de direito privado prestadoras de serviços públicos pelos danos que seus agentes, nessa qualidade, causarem a terceiros.

O art. 21, inciso XXIII, alínea "c", da Carta Magna também estabelece a responsabilidade civil objetiva por danos nucleares.

O art. 12, *caput*, da Lei nº 8.078/1990 (Código de Defesa do Consumidor) imputa, por sua vez, ao fabricante, ao produtor, ao construtor, nacional ou estrangeiro, e ao importador a responsabilidade, independente da existência de culpa, pela reparação dos danos causados aos consumidores por defeitos decorrentes de projeto, fabricação, construção, montagem, fórmulas, manipulação, apresentação ou acondicionamento de seus produtos, bem como por informações insuficientes ou inadequadas sobre sua utilização e riscos.

Ainda como exemplo poder-se-ia mencionar o seguro contra acidentes de trabalho, a cargo do empregador, e de natureza previdenciária, a que se reporta o inciso XXVIII do art. 7º da Constituição da República. O pagamento desse benefício é devido ao empregado acidentado independentemente de culpa do empregador, por se fundar também na teoria da responsabilidade objetiva.

Esclareça-se, desde já, que o pagamento desse seguro previdenciário ao empregado acidentado não exclui a indenização porventura devida pelo empregador, quando da ocorrência de dolo ou culpa, nos exatos termos do mesmo inciso XXVIII do art. 7º do Texto Constitucional. Assim como, a teor do disposto no art. 121 da Lei nº 8.213/1991, o pagamento, pela Previdência Social, das prestações por acidente do trabalho não exclui a responsabilidade civil da empresa ou de outrem.

Nesse mesmo sentido, a Súmula 229 do E. Supremo Tribunal Federal, quando afirma que a indenização acidentária não exclui a do direito comum.

Frise-se, contudo, que o referido verbete sumular, à luz da ordem constitucional vigente, resta superado quando condiciona o pagamento da indenização aos casos de dolo ou culpa grave do empregador. Isso porque ser-lhe-á imputada a responsabilidade pelos danos causados ao empregado, em virtude de infortúnio trabalhista, seja nas hipóteses de dolo, seja nas de culpa em qualquer grau.

Retornando-se ao fio condutor de nossa exposição, merece destaque neste cenário específico a inovação introduzida na segunda parte do parágrafo único do art. 927 do Código Civil, quando estabelece *in verbis*:

> *Haverá obrigação de reparar o dano, independentemente de culpa, nos casos especificados em lei, ou* ***quando a atividade normalmente desenvolvida pelo autor do dano implicar, por sua natureza, risco para os direitos de outrem*** (destacamos).

O legislador ordinário, ao imputar ao autor do dano, cuja atividade por ele normalmente desenvolvida implicar, por sua natureza, risco para os direitos de outrem, a obrigação pela reparação, sem apreciação da eventual culpabilidade do agente, não tem por fundamento o ato ilícito (que pressupõe a existência de culpa em sentido amplo), mas a teoria do risco criado.

Concluímos, desse modo, que, nos termos do Código Civil, a responsabilidade civil pode derivar de ato ilícito (art. 927, *caput*) e do risco criado (art. 927, parágrafo único).

Ao discorrer acerca dos distintos enfoques atribuídos às teorias da responsabilidade civil subjetiva e objetiva, o ilustre magistrado José Acir Lessa Giordani, *in* A responsabilidade civil objetiva genérica no Código Civil de 2002, Rio de Janeiro, Lumen Juris, 2004, p. 36/37, expõe, com expressiva maestria, *verbis*:

> De fato, a visão da reparação do dano pelo prisma da responsabilidade civil subjetiva é estabelecida a partir da preocupação em tutelar, proteger realmente, o autor do fato lesivo, evitando que ele possa ser compelido, injustamente, a reparar um dano causado sem que tivesse contribuído culposamente para o evento. Mesmo na hipótese de inversão do "onus probandi", verifica-se, nos autores defensores da responsabilidade subjetiva, a preocupação permanente em viabilizar uma forma de defesa do agente, com base na inexistência de culpa, o que se compreende em razão da dificuldade já mencionada, na verdade uma grande resistência natural, inerente ao ser humano, de se desprender dos valores morais que o conduzem a crer, quase intuitivamente, que a ninguém deve ser imposta sanção de qualquer natureza sem que a conduta causadora do dano tenha sido decorrente de culpa do seu autor. Este prisma, contudo, se mostra iníquo para o lesado, especialmente porque a questão não é apreciada sob a ótica de seus interesses.
>
> Realmente, o que fizeram os precursores da responsabilidade objetiva, criadores da teoria do risco, foi exatamente modificar o ponto de vista, alterar o ângulo de visão da questão, objetivando apreciar todo o contexto da responsabilidade civil pela ótica da vítima, verificando seus interesses, especialmente quanto à relação de causalidade do evento lesivo. Observa-se, assim, que a atividade desenvolvida pelo agente, e que resulta no dano à vítima, praticamente só produz benefícios para ele.

Como bem destacou o ilustre jurista, todos nós temos uma resistência natural quanto à possibilidade de atribuir responsabilidade pela reparação de evento danoso que tenha escapado à culpabilidade de seu agente.

No entanto, quando o dano emerge do risco inerente à própria atividade desempenhada pelo autor, não há como deixar de imputar-lhe a responsabilidade pela reparação, independente de culpa, pela simples razão de ter sido o principal, se não único, beneficiário desta mesma atividade.

Isso tudo sem falar no penoso encargo probatório que, muitas vezes, é imposto à vítima em virtude da aplicação da teoria da responsabilidade civil subjetiva, dificultando, ou até mesmo impedindo, o seu acesso à tutela jurisdicional.

O primeiro passo dado em direção a esse efetivo acesso à Justiça foi a instituição da responsabilidade civil subjetiva com culpa presumida, que termina por acarretar verdadeira inversão do ônus da prova em favor da vítima.

Há culpa presumida quando a lei faz operar presunção de que a culpa foi do agente, acarretando-lhe o ônus de se desincumbir da prova em contrário. Promove-se a inversão do *onus probandi* da culpa, em razão da dificuldade inerente à produção dessa prova em muitos dos casos.

A título de ilustração, o art. 6º da Lei nº 8.078/1990 (Código de Defesa do Consumidor), em seu inciso VIII, enumera como direito básico do consumidor a facilitação da defesa de seus direitos, inclusive com a inversão do ônus da prova, a seu favor, no processo civil, quando, a critério do juiz, for verossímil a alegação ou quando for ele hipossuficiente, segundo as regras ordinárias de experiências.

Importante, contudo, não confundir a responsabilidade subjetiva com culpa presumida com responsabilidade civil objetiva, posto que, para a configuração desta última, prescinde-se da noção de culpabilidade.

Com a previsão da responsabilidade civil objetiva pela teoria do risco, visa-se a alçar mais um importante degrau nesta escala de acesso ao poder jurisdicional.

A teoria do risco criado vem sendo considerada pela doutrina como uma evolução da teoria do risco proveito. Enquanto esta última responsabiliza o autor do fato que o desencadeia com o objetivo de obtenção de um proveito econômico, a primeira dispensa a prova de que o autor do fato obtenha vantagens econômicas da atividade que acarretou o dano, uma vez que o risco incidirá em todas as atividades desenvolvidas pelo agente, haja proveito econômico ou não.

Dessa forma, caberá a responsabilização do autor do evento danoso, que tenha decorrido do risco inerente à atividade por ele normalmente desenvolvida, desde que perfeitamente configurado o nexo de causalidade existente entre o risco criado e o dano ocorrido.

Na teoria do risco, as causas de exclusão da responsabilidade civil objetiva também devem ser apreciadas em função desse mesmo nexo de causalidade, não podendo, assim, ensejar qualquer responsabilidade o dano emergente de conduta da própria vítima (*fato da vítima*). Não por se tratar de *culpa exclusiva da vítima*, já que a aplicabilidade da responsabilidade civil objetiva prescinde da idéia de culpabilidade, mas pelo simples fato de não haver qualquer nexo de causalidade entre o risco criado pela atividade desenvolvida e o dano ocorrido.

Do mesmo modo, o autor do fato deverá ser responsabilizado ainda que o dano tenha sido decorrente de fortuito interno (caso fortuito), ou seja, daquele inerente aos riscos da atividade, cabendo a exclusão tão-somente nas hipóteses de fortuito externo (força maior), isto é, quando da ocorrência de acontecimento estranho à atividade desempenhada.

Após serem vistos, ainda que de forma superficial, alguns dos principais aspectos concernentes ao tema da responsabilidade civil, faz-se necessário iniciarmos o estudo sobre a natureza específica da responsabilidade do empregador pelos danos morais e patrimoniais sofridos pelo empregado em decorrência de acidente do trabalho.

3. A Responsabilidade do Empregador pelos Danos ao Empregado no Acidente do Trabalho

Diante do que foi até aqui exposto, podemos extrair que o novo Código Civil estabelece duas modalidades genéricas de responsabilidade civil, devendo haver a adequada compatibilização da norma prevista no *caput* do art. 927 com aquela contida em seu parágrafo único.

Ao lado da responsabilidade civil subjetiva, que possui como pressuposto a noção da culpabilidade (culpa ou dolo), o Código Civil, adotando um sistema misto, instituiu a responsabilidade civil objetiva genérica, com fundamento na idéia do risco criado.

Vislumbradas as duas espécies de responsabilidade civil, surge a seguinte questão: qual a natureza da responsabilidade civil do empregador pelos danos morais e patrimoniais sofridos pelo empregado em virtude de acidente de trabalho?

O art. 7º, inciso XXVIII, da Constituição da República prevê como direito dos trabalhadores urbanos e rurais o seguro contra acidentes de trabalho, a cargo do empregador, sem excluir a indenização a que está obrigado, quando incorrer em dolo ou culpa.

Partindo de uma interpretação meramente gramatical ou literal do dispositivo constitucional acima destacado, poder-se-ia concluir que a natureza dessa responsabilidade civil do empregador seria inegavelmente subjetiva, haja vista o condicionante de culpabilidade contido no referido preceito (*quando incorrer em dolo ou culpa*).

E, de fato, a responsabilidade civil do empregador, nesses casos, deve ser, em regra, subjetiva, ou seja, a obrigação de reparar os danos morais e patrimoniais sofridos pelo empregado em razão de acidente de trabalho está condicionada, além da configuração do nexo de causalidade, à comprovação do dolo ou da culpa do empregador.

Nesse mesmo sentido são as lições do magistrado Sebastião Geraldo de Oliveira, *in Proteção jurídica à saúde do trabalhador*, 4. ed., São Paulo: LTr, 2004, p. 239/240:

> **Para acolhimento da indenização acidentária, uma vez constatada a ocorrência dos danos, passa-se à etapa seguinte para verificar-se se também ocorreu um ato ilícito (culpa do empregador) e, ainda, se há uma ligação necessária entre esse ato e o dano, isto é, um nexo de causalidade.** Se o acidentado, autor da ação indenizatória, não comprovar a presença desses dois pressupostos, não terá êxito na sua pretensão. Como leciona o Desembargador Sérgio Cavalieri Filho, "o conceito de nexo causal não é jurídico; decorre das leis naturais. É o vínculo, a ligação ou relação de causa e efeito entre a conduta e o resultado".
> É até possível determinar a reparação de dano sem a constatação de culpa, em algumas hipóteses expressamente previstas (culpa objetiva), mas é inviável condenar, em qualquer hipótese, em que não se vislumbra o nexo causal. Para obter os direitos acidentários cobertos pelo seguro da Previdência Social, por exemplo, basta que se comprove o nexo causal do acidente com o trabalho do segurado. **No entanto, para conseguir a reparação do direito comum (responsabilidade civil) é imprescindível que se comprove, além do nexo causal, a culpa ou dolo do empregador** (grifo nosso).

O eminente jurista mineiro registra, contudo, em sua obra, a irresistível tendência doutrinária de avançar para a culpa objetiva, mesmo no caso da responsabilidade civil, notadamente após o advento da norma prevista no parágrafo único do art. 927 do Código Civil. Para esta teoria, bastaria a ocorrência do dano para gerar o direito à reparação civil em favor da vítima.

O magistrado baiano Rodolfo Pamplona Filho, *in Temas atuais – Direito Civil e Direito do Trabalho*, 2. ed., Contagem: Editora Leiditathi, 2005, p. 117/118, também admite como regra geral a responsabilidade civil subjetiva do empregador, esclarecendo *in litteris*:

> De fato, não há como se negar que, como regra geral, indubitavelmente a responsabilidade civil do empregador, por danos decorrentes de acidente de trabalho, é subjetiva, devendo ser provada alguma conduta culposa de sua parte, em algumas das modalidades possíveis, incidindo de forma independente do seguro acidentário, pago pelo Estado.

Muito embora comunguemos com os ilustres autores sobre a regra geral acerca da responsabilidade civil do empregador pelos danos decorrentes de acidente de trabalho, à luz do disposto no art. 7º, inciso XXVIII, da Constituição da República, algumas ponderações devem, entretanto, ser expostas.

Inicialmente, entendemos que, muitas vezes, atribuir todo o encargo probatório ao empregado, e vítima do acidente, é impor um ônus deveras pesado à parte hipossuficiente da relação de emprego, o que poderá comprometer o próprio acesso do obreiro à obtenção da tutela jurisdicional.

A deficiência de recursos financeiros e as dificuldades técnicas de comprovação da culpabilidade do empregador são fatores que nos impelem a admitir, em muitos desses casos, a adoção da responsabilidade civil subjetiva com culpa presumida, procedendo-se a verdadeira inversão do ônus da prova.

Aplicar-se-ia, à espécie, com fulcro no parágrafo único do art. 8º da CLT, a disposição contida no art. 6º, inciso VIII, da Lei nº 8.078/1990 (Código de Defesa do Consumidor). Isso porque, assim como o consumidor é a parte hipossuficiente na relação jurídica de consumo, o empregado o é na relação jurídica empregatícia, sendo perfeitamente compatíveis os princípios regentes dos respectivos diplomas normativos.

A par da incidência da regra geral da responsabilidade civil subjetiva (com a possibilidade de adoção da teoria da culpa presumida), posicionamo-nos pela aplicação da norma contida no parágrafo único do art. 927 do Código Civil à responsabilidade civil do empregador por acidente de trabalho, desde que a atividade normalmente por ele desenvolvida, por sua própria natureza, produza risco a seus empregados.

Defendemos, dessa forma, a aplicação dos ensinamentos do ilustre magistrado José Acir Lessa Giordani (obra citada, p. 90), quando, ao discorrer sobre a respectiva norma civilista, explana, *in verbis*:

> O dispositivo em apreço dispõe que a responsabilidade será objetiva quando a atividade normalmente desenvolvida pelo autor do dano implicar, por sua natureza, risco para os direitos de outrem. Verificamos, como já foi dito, que o preceito consagra a teoria do risco criado. Assim, toda atividade desenvolvida que, por sua natureza, produza um risco para terceiros ensejará o dever de reparar os danos causados sem que haja necessidade de comprovação de culpa do autor do fato. Esta atividade pode ser de cunho profissional, recreativa, de mero lazer, não havendo, assim, necessidade de que resulte em lucro ou vantagem econômica para o agente para que haja caracterização de sua responsabilidade objetiva. Não se trata, desta forma, do risco proveito, mas sim do risco criado.

Estas preciosas lições são perfeitamente aplicáveis ao âmbito da relação de emprego, onde o seu sujeito passivo (empregador) é dotado de alteridade, ou seja, assume o risco da atividade desenvolvida na prestação dos serviços (empreendimento) e do próprio trabalho executado.

Por outro lado, a submissão do empregado a esses riscos, além de decorrer não raras vezes da própria natureza dos serviços a serem prestados, intensifica-se ainda mais com o estado de subordinação jurídica em que o labor é prestado, em contraposição ao poder diretivo do empregador.

Frise-se, outrossim, que o reconhecimento da responsabilidade objetiva pelo risco criado não está condicionado, necessariamente, ao desempenho de uma atividade econômica, assim como a própria configuração do vínculo de emprego não possui como pressuposto a finalidade lucrativa da atividade desenvolvida pelo empregador (exemplos: empregador doméstico e empregador público, além da norma prevista no § 1º do art. 2º da CLT).

Dessa forma, toda a atividade desenvolvida pelo empregador que, por sua natureza, produza riscos para a vida ou incolumidade física ou psíquica de seus empregados enseja a responsabilidade objetiva, bastando à sua configuração a simples comprovação do nexo de causalidade entre o risco criado e o dano ocorrido.

Como exemplo típico, poder-se-ia citar a empresa que trabalha com reparo de instalações elétricas. Extrai-se da própria natureza dos serviços oferecidos a produção de riscos a direitos de outrem, sejam consumidores (beneficiários dos respectivos serviços) ou empregados.

Caso assim não se entenda, chegaríamos à seguinte conclusão paradoxal: seria a hipótese de adoção da teoria da responsabilidade objetiva com relação aos danos sofridos pelos consumidores dos serviços, e da teoria da responsabilidade subjetiva no tocante aos danos advindos a seus próprios empregados.

Esta interpretação encontrar-se-ia em flagrante descompasso com os princípios da dignidade da pessoa humana e da valorização social do trabalho, considerados como fundamentos do Estado Democrático de Direito brasileiro (art. 1º, incisos III e IV, da Constituição da República).

Nesse sentido, citemos mais uma vez o eminente magistrado baiano Rodolfo Pamplona Filho (obra citada, p. 118/119), quando, após acatar a regra geral da responsabilização civil subjetiva do empregador, adverte:

> Todavia, parece-nos inexplicável a situação de um sujeito que:
> – por força de lei, assume os riscos da atividade econômica;
> – por exercer uma determinada atividade (que implica, por sua própria natureza, em risco para os direitos de outrem), responde objetivamente pelos danos causados;
> – ainda assim, em relação aos seus empregados, tenha o direito subjetivo de somente responder, pelos seus atos, se os hipossuficientes provarem culpa (...)
> A aceitar tal posicionamento, vemo-nos obrigados a reconhecer o seguinte paradoxo: o empregador, pela atividade exercida, responderá objetivamente pelos danos por si causados, mas, em relação a seus empregados, por causa de danos causados justamente pelo exercício da mesma atividade que atraiu a responsabilização objetiva, teria um direito a responder subjetivamente (...).

Com relação à disposição contida no inciso XXVIII do art. 7º da Constituição da República, que fundamenta a responsabilização civil subjetiva do empregador, a interpretação a lhe ser conferida deve levar em conta todo o sistema jurídico em que se encontra inserida, com vistas a assegurar a unidade do Texto Constitucional.

O art. 1º da Constituição da República, em seus incisos III e IV, dispõe que a dignidade da pessoa humana e os valores sociais do trabalho são fundamentos da República Federativa do Brasil.

O art. 3º da Carta Magna, nos incisos I e IV, enumera como objetivos nacionais a construção de uma sociedade livre, justa e solidária, assim como a promoção do bem de todos, sem preconceitos de origem, raça, sexo, cor, idade e quaisquer outras formas de discriminação.

O art. 5º, *caput*, assegura a igualdade de todos perante a lei, sem distinção de qualquer natureza.

O art. 7º, *caput*, antes de elencar os direitos dos trabalhadores urbanos e rurais (entre os quais a disposição contida no inciso XXVIII), reporta-se a outros que visem à melhoria de sua condição social.

O *caput* do art. 170 prevê que a ordem econômica, fundada na valorização do trabalho humano e na livre iniciativa, tem por fim assegurar a todos existência digna, conforme os ditames da justiça social.

Por fim, o art. 225, § 3º, estabelece que as condutas e atividades consideradas lesivas ao meio ambiente sujeitarão os infratores, pessoas físicas ou jurídicas, a sanções penais e administrativas, independentemente da obrigação de reparar os danos causados.

Assim sendo, não há como impingir uma interpretação rígida e isolada da norma contida no inciso XXVIII do art. 7º da Constituição, sob pena de estarmos pactuando com verdadeiro atentado ao princípio da unidade constitucional.

É cediço, por certo, que o referido preceito constitui fundamento de validade para aplicação da regra geral da teoria da responsabilidade civil subjetiva do empregador em decorrência de danos sofridos pelo empregado por acidente de trabalho. Não nos furtamos a esta conclusão.

Contudo, quando a atividade desempenhada pelo empregador, por sua própria natureza, produzir risco à vida ou à incolumidade física ou psíquica do empregado, não vemos como deixar de ser aplicada à espécie a teoria da responsabilidade objetiva com base no risco criado, nos termos do art. 927, parágrafo único, do Código Civil.

Como os fins muitas vezes acabam por justificar os meios, poderíamos, inclusive, com vistas a assegurar a intangibilidade da literalidade do preceito contido no inciso XXVIII do art. 7º da Constituição da República, apoiar (com grande desconforto, a nosso ver) a tese de que, nestes casos, haveria a denominada "culpa objetiva" do empregador.

Adotando a teoria da responsabilidade objetiva pelo risco criado nos casos de danos decorrentes de acidentes de trabalho, as excludentes de responsabilidade limitar-se-iam às seguintes hipóteses: quando da ocorrência do chamado "*fato da vítima*" (onde não há nexo de causalidade entre o risco criado e o dano, posto que este ocorreu em decorrência da conduta da própria vítima), ou no caso de "*fortuito externo*" (quando o dano ocorreu em razão de acontecimento totalmente alheio à atividade desempenhada pelo empregador).

Após toda a explanação feita, podemos chegar à conclusão de que, em matéria de responsabilização do empregador por danos decorrentes de acidente de trabalho, aplicar-se-á, conforme o caso, a regra geral da responsabilidade civil subjetiva, fundamentada na idéia de ato ilícito (que pressupõe a noção de culpa), ou a teoria da responsabilidade civil objetiva pelo risco criado, em decorrência da natureza da atividade desenvolvida (que se limita à aferição do nexo de causalidade entre o risco e o evento danoso).

Este entendimento encontra-se em perfeita sintonia com os princípios e normas constitucionais, além daqueles inerentes à própria relação de emprego, promovendo, sem dúvida alguma, um legítimo movimento de acesso à tutela jurisdicional.

Imbuídos da certeza de que o presente trabalho está muito longe de esgotar os instigantes e profícuos debates que podem ser desencadeados pela apreciação da matéria, almejamos apenas levar a nossa contribuição ao enriquecimento da discussão, estando sempre abertos a novas considerações e aos sempre respeitáveis pontos de vista em contrário.

4. Prescrição nas Pretensões Indenizatórias por Danos Patrimoniais e Morais Decorrentes de Acidente de Trabalho

Com o deslocamento da competência para julgamento das causas que versem sobre indenizações por danos patrimoniais e morais decorrentes de acidente de trabalho, questão que vem sendo objeto de intensa discussão é a aplicação do prazo prescricional. Em suma, qual seria a prescrição aplicável a estas pretensões?

É certo que o art. 7º, inciso XXIX, da Constituição da República estabelece, "*quanto aos créditos resultantes das relações de trabalho*", o prazo prescricional de cinco anos para os trabalhadores urbanos e rurais, até o limite de dois anos após a extinção do contrato de trabalho.

Com base neste dispositivo constitucional, alguns operadores do Direito defendem a aplicação das prescrições bienal e qüinqüenal a essas causas, por serem as utilizadas nas ações cujo julgamento seja atribuído à Justiça do Trabalho.

Todavia, não se deve confundir "*competência jurisdicional*" e "*competência legislativa*". Enquanto a primeira corresponde ao ramo do Poder Judiciário competente para julgamento de determinada lide, a competência legislativa refere-se ao direito material a ser aplicável na resolução dessa mesma demanda.

Daí, nada obsta que, em ação a ser julgada pela Justiça do Trabalho, o juiz termine por aplicar ao caso concreto, quando da prestação da tutela jurisdicional, norma legal que não integre o ordenamento jurídico-trabalhista, desde que compatível com os princípios que informam o direito laboral, nos exatos termos do comando contido no parágrafo único do art. 8º da CLT, quando dispõe que: "*O direito comum será fonte subsidiária do direito do trabalho, naquilo em que não for incompatível com os princípios fundamentais deste*".

Por outro lado, o Juízo competente não é fator determinante para a fixação da natureza da prescrição, mas a causa de pedir e a própria pretensão.

Ademais, o art. 7º, inciso XXIX, do Texto Constitucional faz menção a "*créditos resultantes das relações de trabalho*", o que nos reporta à idéia de inadimplemento de obrigações contratuais trabalhistas, de feição meramente patrimonial, o que não se coaduna com as ações que veiculam pretensões reparatórias de danos decorrentes de acidentes de trabalho. Nestas, o bem a ser tutelado não é o "*crédito trabalhista*" do empregado, mas a própria vida e segurança, erigidos a direitos fundamentais pelo art. 5º, *caput*, da Constituição, que antecedem a própria formação da relação de trabalho.

Nesse sentido, já decidiu a Seção Especializada em Dissídios Individuais do C. Tribunal Superior do Trabalho, conforme o precedente abaixo ementado:

> Indenização por danos morais. Prescrição. Observada a natureza civil do pedido de reparação por danos morais, pode-se concluir que a indenização deferida a tal título em lide cujo trâmite se deu na Justiça do Trabalho, não constitui crédito trabalhista, mas crédito de natureza civil resultante de ato praticado no curso da relação de trabalho.
> Assim, ainda que justificada a competência desta Especializada para processar a lide não resulta daí, automaticamente, a incidência da prescrição trabalhista. A circunstância de o fato gerador do crédito de natureza civil ter ocorrido na vigência do contrato de trabalho, e decorrer da prática de ato calunioso ou desonroso praticado por empregador contra trabalhador não transmuda a natureza do direito, uma vez que o dano moral se caracteriza pela projeção de um gravame na esfera da honra e da imagem do indivíduo, transcendendo os limites da condição de trabalhador do ofendido. Dessa forma, aplica-se, na hipótese, o prazo prescricional de 20 anos previsto no art. 177 do Código Civil, em observância ao art. 2.028 do novo Código Civil brasileiro, e não o previsto no ordenamento jurídico-trabalhista, consagrado no art. 7º, XXIX, da Constituição Federal.
> Embargos conhecidos e providos. (TST-E-RR n. 8871/2002-900-02-00, Rel. Min. Lélio Bentes Corrêa, DJ de 05/03/2004)

Ressalte-se, outrossim, que em se tratando de preceito que encerra limitação de direitos, este deve merecer exegese restritiva, não se podendo atribuir interpretação ampliativa no sentido de que esses créditos também alcançariam indenizações por danos ocasionados em acidentes de trabalho.

Assim sendo, e por se tratar de reparação de natureza civil, alguns operadores entendem aplicável a prescrição trienal prevista no art. 206, § 3º, inciso V, do Código Civil.

No entanto, como se observa a partir de uma interpretação sistemática, esse mesmo prazo prescricional de três anos é aplicável a pretensões que têm como causa de pedir a violação de obrigação contratual ou reparação de bem material, como por exemplo: a relativa a aluguéis de prédios urbanos ou rústicos (inciso I); para receber prestações vencidas de rendas temporárias ou vitalícias (inciso II); para haver juros, dividendos ou quaisquer prestações acessórias, pagáveis, em períodos não maiores de 1 (um) ano, com capitalização ou sem ela (inciso III); de ressarcimento de enriquecimento sem causa (inciso IV); de restituição dos lucros ou dividendos recebidos de má-fé, correndo o prazo da data em que foi deliberada a distribuições, entre outros.

Dessa forma, aplicando-se a prescrição trienal prevista no Código Civil, estaríamos equiparando ações reparatórias concernentes a meros inadimplementos contratuais ou lesões a bens materiais àquelas inerentes aos direitos fundamentais à vida, à segurança e à saúde do trabalhador.

Isso sem falar que o prazo de três anos é bem inferior à prescrição qüinqüenal prevista no art. 7º, inciso XXIX, da Constituição, aplicável no curso do contrato de trabalho, o que recairia em verdadeiro retrocesso social, em dissonância com a norma prevista no *caput* desse mesmo art. 7º.

Ante a inadequação dos prazos prescricionais já expostos, vislumbramos ser aplicável o maior prazo prescricional previsto na lei civil, disposto no art. 205 do Código Civil, ao estabelecer *in verbis*: "*Art. 205 – A prescrição ocorre em 10 (dez) anos, quando a lei não lhe haja fixado prazo menor*".

Cumpre salientar, todavia, que vem crescendo forte doutrina no sentido da imprescritibilidade dessas pretensões reparatórias, quando a causa de pedir seja a violação de direitos fundamentais. Nesse sentido, o ilustre Procurador Nei Messias Vieira, lotado na Procuradoria Regional do Trabalho da 15ª Região, *in* Prescrição da Pretensão de Indenização por Danos Materiais e Morais Decorrentes de Acidente do Trabalho. Quebrando os Dogmas Prescricionais na Justiça do Trabalho, publicado na *Revista do Ministério Público do Trabalho* n. 34, São Paulo: LTr, p. 53):

> A tese de imprescritibilidade ganha força ao se verificar que a lacuna na Constituição, por falta de regramento restritivo do direito à reparação ou indenização decorrente de violação de direito constitucional fundamental, se resolve, nas palavras de J. J. Gomes Canotilho, com observância da "teleologia da regulamentação constitucional" e após o "teste da razoabilidade", a fim de se descobrir o "desvalor constitucional de alguns interesses pretensamente invocados como dignos de protecção e em conflito com outros". Nessa linha, consideramos autorizada a assertiva de que a falta, na própria Constituição, de norma limitativa da reparação ou indenização

> de lesões dos direitos fundamentais constitucionais não passa pelo crivo da razoabilidade e da teleologia da regulamentação constitucional, se for dado o mesmo tratamento de limitação temporal para o acesso ao Poder Judiciário que é oferecido às reparações dos simples inadimplementos de contraprestações contratuais ou das reparações de simples danos civis de ordem patrimonial.

Ao final, o eminente Procurador do Trabalho arrola algumas conclusões sobre o tema, que muito bem definem a maneira de pensar dos constitucionalistas contemporâneos:

> a) Os direitos fundamentais representam valores constitucionalmente assegurados e dotados de imperatividade normativa. Devem, pois, sob a contemporânea ótica constitucional, ser objeto de concretização.
> b) Por sua natureza comum e indissociável a todas as pessoas, os direitos fundamentais antecedem qualquer relação jurídica. Assim, as violações de direitos fundamentais não merecem o mesmo tratamento jurídico ou a mesma valoração jurídica que se dá a violações ou inadimplementos de contraprestações contratuais. Também não merecem o mesmo tratamento ou valoração que se dá às violações de direitos patrimoniais, que são proporcionalmente inferiores aos direitos fundamentais.
> c) O tratamento jurídico diferenciado que os direitos fundamentais merecem, segundo a doutrina e a jurisprudência contemporâneas, impede que se possa restringir a sua efetivação ou obstar a devida reparação pela aplicação das regras comuns do direito civil. Só é possível oporem-se restrições aos direitos fundamentais seguindo-se as próprias normas destinadas a regular os próprios direitos fundamentais. Não havendo norma constitucional que preveja restrições ao exercício da pretensão reparatória, é inviável o preenchimento dessa lacuna legal. Ademais, as ordinárias normas restritivas de direito se interpretam e se aplicam estritamente.
> d) É equivocado, então, o emprego do método da subsunção, visando forçar o encaixe da violação de direito fundamental nas regras criadas para regular a violação ou o inadimplemento de contraprestações do contrato de trabalho, assim como nas regras criadas para regular simples violações patrimoniais de natureza civil.
> e) Resta concluir que não há previsão normativa que leve à incidência de prescrição sobre as pretensões decorrentes de violação dos direitos fundamentais. Havendo, porém, relutância na admissão da imprescritibilidade para veiculação dessas pretensões, somente se aproximará da incolumidade da ordem constitucional a aplicação da maior regra de prescrição prevista no Direito Civil vigente.

As conclusões advindas do estudo em destaque, além de se ampararem em abalizada doutrina constitucionalista, encontram-se em perfeita sintonia com os anseios da sociedade moderna, que espera desta Justiça Especializada não somente a satisfação de créditos advindos de relações de trabalho, mas, sobretudo, assegurar a preservação da própria dignidade da pessoa humana do trabalhador.

XII ACORDOS E CONVENÇÕES COLETIVOS DE TRABALHO

Este tema foi abordado nas provas subjetivas dos seguintes concursos públicos do Ministério Público do Trabalho:

No que consiste o fenômeno da flexibilização do Direito do Trabalho? Tem base constitucional ou legal? Quais as condições em que se pode dar? (Concurso VI do MPT)

Disserte sobre a natureza jurídica da convenção e do acordo coletivo de trabalho, indicando, de forma justificada, qual a teoria adotada no ordenamento jurídico brasileiro, e a partir dela, como se resolvem as situações de antinomia de suas cláusulas em face das normas legais trabalhistas. (Concurso XIII do MPT)

1. Introdução

O art. 7º, inciso XXVI, da Constituição da República prevê como direito dos trabalhadores urbanos e rurais o reconhecimento das convenções e acordos coletivos de trabalho.

Estes instrumentos normativos concretizam o princípio da autonomia da vontade coletiva, possibilitando que os sujeitos coletivos do trabalho (sindicatos e empresas) possam estabelecer, com força normativa, condições de trabalho que disciplinem as relações individuais laborais dos empregados e empregadores que integram as categorias profissionais e econômicas envolvidas, ou a coletividade obreira que presta serviços às empresas acordantes.

Conforme abaixo veremos, são verdadeiros contratos sociais normativos, posto que dotados de natureza contratual, em seu aspecto formal, e de caráter normativo, em seu aspecto material ou substancial. São exemplos clássicos de espécies de fontes formais autônomas do Direito do Trabalho, uma vez que elaboradas a partir dos próprios destinatários que irão se beneficiar do regramento pactuado.

O acordo e a convenção coletivos de trabalho são frutos da negociação coletiva, que a teor do art. 8º, inciso VI, da Carta Magna deve contar com a participação obrigatória do sindicato. O sindicato a que se reporta o dispositivo constitucional é o representante da classe obreira, já que a empresa, por si só, é considerada um ente coletivo. Como se sabe, esta, em sua estrutura organizacional, reúne os fatores reais da produção: o capital, o trabalho e a matéria-prima. Assim, prescinde da representação sindical para celebração de instrumento coletivo, no caso o acordo coletivo de trabalho.

2. Conceito

O conceito de convenção coletiva de trabalho pode ser extraído do art. 611, *caput*, da CLT, quando dispõe que: "*Convenção Coletiva de Trabalho é o acordo de caráter normativo, pelo qual dois ou mais Sindicatos representativos de categorias econômicas e profissionais estipulam condições de trabalho aplicáveis, no âmbito das respectivas representações, às relações individuais de trabalho*".

De outro lado, o § 1º do art. 611 da CLT preceitua que: "*É facultado aos Sindicatos representativos de categorias profissionais celebrar Acordos Coletivos com uma ou mais empresas da correspondente categoria econômica, que estipulem condições de trabalho, aplicáveis no âmbito da empresa ou das empresas acordantes às respectivas relações de trabalho*". Exsurge, daí, o conceito de acordo coletivo de trabalho.

A diferença entre convenção e acordo coletivos de trabalho pode ser encarada sobre duplo enfoque: os sujeitos coletivos envolvidos e os limites de eficácia de suas normas.

A convenção coletiva de trabalho é celebrada por sindicatos representantes das categorias profissionais e econômicas, enquanto o acordo coletivo de trabalho é pactuado entre sindicato representante da categoria profissional e uma ou mais empresas.

Por sua vez, a eficácia das cláusulas normativas previstas no bojo da convenção coletiva de trabalho alcança todas as relações individuais de trabalho que se estabelecerem dentro do âmbito da base territorial de representação das categorias convenentes.

No acordo coletivo de trabalho, a eficácia normativa de suas cláusulas se limita às relações individuais laborais desenvolvidas entre a coletividade de trabalhadores e a(s) empresa(s) acordante(s).

3. Natureza Jurídica

Três teorias explicativas tradicionais tentaram, ao longo do tempo, definir a natureza jurídica destes instrumentos coletivos.

As teorias contratuais ou civilistas buscavam proceder ao enquadramento dos acordos e convenções coletivos de trabalho no rol dos contratos civis previamente existentes, como as teorias do mandato, da gestão de negócios, da estipulação em favor de terceiros, da personalidade moral fictícia e do contrato inominado.

O insucesso dessas teorias decorreu do fato de estes diplomas coletivos não se enquadrarem de forma condizente com nenhum dos contratos civis previstos em lei, notadamente em razão de sua força normativa, que não é peculiar aos ajustes de vontades.

As teorias de transição descartavam o enquadramento em contratos civilistas, buscando modelos teóricos de caráter distinto, no Direito e em outras áreas, como a Sociologia. São exemplos as teorias do pacto social, da solidariedade necessária, do uso ou costume industrial e da representação legal.

Essas teorias pecaram duplamente, pois não se focavam no aspecto contratual destes diplomas, e tampouco levavam em consideração a capacidade de criação de verdadeiras normas jurídicas.

As teorias jurídico-socias ou normativistas davam ênfase apenas à função normativa desses diplomas coletivos, afastando o enfoque contratual. São exemplos: as teorias do objetivismo solidarista, do institucionalismo, do espontaneísmo jurídico-social, regulamentar e da lei delegada.

A fragilidade dessas teorias decorreu do fato de descartarem a natureza contratual desses diplomas negociados, resultante do ajuste de vontade entre os sujeitos coletivos do trabalho. Até porque um dos requisitos de validade das normas coletivas é que tenham sido celebradas em função do exercício da vontade coletiva, devidamente representada.

A melhor doutrina pugna pela adoção da teoria mista, apoiando-se na noção de que os acordos e convenções coletivos de trabalho são efetivos contratos criadores de normas jurídicas celebrados por sujeitos coletivos trabalhistas (sindicatos e/ou empresas). São contratos sociais normativos.

4. Hierarquia

Como se pode perceber, a convenção coletiva de trabalho tem abrangência mais ampla do que o acordo coletivo. No quadro de conflito de regras, poder-se-ia entender que as normas previstas no acordo, por mais específicas (especiais), sobrepõem-se às da convenção coletiva. Isso porque, na Teoria Geral do Direito, as regras especiais não se comunicam com as gerais, prevalecendo na ordem jurídica, salvo revogação expressa.

Nesse sentido, a norma prevista no art. 2º, § 2º, da Lei de Introdução ao Código Civil: "*A lei nova, que estabeleça disposições gerais ou especiais a par das já existentes, não revoga nem modifica a lei anterior*".

No entanto, dispõe o art. 620 da CLT que: "*As condições estabelecidas em Convenção quando mais favoráveis, prevalecerão sobre as estipuladas em Acordo*".

Este dispositivo consolidado exprime o princípio da norma mais favorável, expondo uma tendência universal de valorização dos diplomas normativos de maior amplitude.

Ressalte-se, porém, que a aplicação dessa norma deve ser norteada pela razoabilidade, evitando que sua utilização possa, de alguma forma, inviabilizar a efetividade de outro importante princípio, de índole constitucional, como o da busca do pleno emprego.

5. Efeitos nos Contratos Individuais de Trabalho

Importante discussão encerra os efeitos das normas coletivas nos contratos individuais de trabalho que disciplinam. Três correntes podem ser destacadas a respeito do tema:

A teoria da aderência definitiva ou irrestrita, segundo a qual as normas coletivas aderem permanentemente aos contratos individuais de trabalho, sendo vedada a sua supressão, ainda que esgotado o prazo de vigência desses instrumentos normativos, por força do art. 468 da CLT.

Entendemos que esse posicionamento, se aplicável, termina por engessar o processo de negociação coletiva, uma vez que os empregadores, diretamente ou por meio de seus sindicatos representativos, terão, com certeza, receio de conceder vantagens à classe obreira, se as normas assecuratórias desses direitos aderirem de forma irrestrita aos respectivos contratos de trabalho.

A teoria da aderência limitada pelo prazo é a mais prestigiada pela jurisprudência trabalhista. Segundo esta, as normas coletivas aderem aos contratos individuais de trabalho somente durante o prazo de vigência dos instrumentos normativos.

Nesse sentido, apesar de se reportar à sentença normativa, a inteligência da Súmula 277 do C. Tribunal Superior do Trabalho: "*As condições de trabalho alcançadas por força de sentença normativa vigoram no prazo assinado, não integrando, de forma definitiva, os contratos*".

Por derradeiro, vem ganhando prestígio na doutrina a teoria da aderência limitada por revogação, segundo a qual as normas coletivas aderem aos contratos de trabalho até que novo instrumento normativo as revogue tácita ou expressamente.

Esse posicionamento chegou a ser acolhido, durante certo tempo, pelo ordenamento jurídico pátrio, atualmente revogado, através do art. 1º, § 1º, da Lei nº 8.542/1992, quando dispunha que as "*cláusulas dos acordos, convenções ou contratos coletivos de trabalho integram os contratos individuais de trabalho e somente poderão ser reduzidas ou suprimidas por posterior acordo, convenção ou contrato coletivo de trabalho*".

6. Limites da Negociação Coletiva

Um dos temas atuais mais polêmicos na seara do Direito do Trabalho são os limites a serem impostos ao processo de negociação coletiva, enquanto manifestação da autonomia da vontade coletiva, por meio dos sujeitos coletivos trabalhistas, em face da legislação heterônoma estatal. É a dicotomia "legislado *versus* negociado".

Conforme já exposto, quando da análise do princípio da norma mais favorável, diante do conflito aparente de normas trabalhistas (fontes formais autônomas e heterônomas), aplicar-se-á aquela que for mais benéfica à classe trabalhadora, adotando-se, para sua fixação, as teorias da acumulação, do conglobamento ou da incindibilidade dos institutos.

Todavia, questão prejudicial a essa fixação da norma mais favorável é a validade ou não dessas normas coletivas, enquanto fontes formais autônomas, ou seja, do próprio objeto da negociação coletiva.

Algumas matérias, com fundamento constitucional, devem ser reservadas à disciplina legal, sendo infensas à normatização coletiva. É o exemplo da questão inerente à proporcionalidade do aviso prévio, que, segundo o inciso XXI do art. 7º da Constituição da República, será regulada por lei.

Outras vezes, em razão da própria natureza cogente ou de ordem pública das respectivas normas previstas no ordenamento estatal, é vedada a flexibilização sob tutela sindical, como acontece com as que tratam da medicina e segurança do trabalho.

Nesse sentido, a título ilustrativo, o posicionamento adotado pelo C. Tribunal Superior do Trabalho, na Orientação Jurisprudencial nº 342 da Subseção I Especializada em Dissídios Individuais, quando dispõe *in litteris*:

> 342 – Não concessão ou redução. Previsão em norma coletiva. Validade. É inválida cláusula de acordo ou convenção coletiva de trabalho contemplando a supressão ou redução do intervalo intrajornada porque este constitui medida de higiene, saúde e segurança do trabalho, garantido por norma de ordem pública (art. 71 da CLT e art. 7º, XXII, da CF/1988), infenso à negociação coletiva.

Desse modo, vai depender do grau de indisponibilidade da norma heterônoma estatal para que se conclua acerca da validade ou não de diploma negocial que mitigue direitos trabalhistas amparados por lei.

Existem, por sua vez, alguns dispositivos constitucionais que autorizam a regulamentação coletiva, consoante se infere no art. 7º, incisos VI (redução de salários), XIII (redução e compensação de jornada de trabalho) e XIV (ampliação da jornada de trabalho nos regimes de turnos ininterruptos de revezamento).

Para melhor elucidar a questão, reportemo-nos mais uma vez às preciosas lições do magistrado Mauricio Godinho Delgado (*Curso de Direito do Trabalho*, 6. ed., São

Paulo: LTr, 2007, p. 1401), ao defender, como solução, a aplicação do princípio da adequação setorial negociada:

> Pelo princípio da adequação setorial negociada as normas autônomas juscoletivas construídas para incidirem sobre certa comunidade econômico-profissional podem prevalecer sobre o padrão geral heterônomo justrabalhista desde que respeitados certos critérios objetivamente fixados. São dois esses critérios autorizativos: a) quando as normas autônomas juscoletivas implementam um padrão setorial de direitos superior ao padrão geral oriundo da legislação heterônoma aplicável; b) quando as normas autônomas juscoletivas transacionam setorialmente parcelas justrabalhistas de indisponibilidade apenas relativa (e não de indisponibilidade absoluta).

Dessa forma, segundo o ilustre autor, o princípio da adequação setorial negociada assegura validade às normas coletivas, num primeiro momento, quando elevam o patamar mínimo civilizatório de direitos fixado pelo ordenamento heterônomo estatal.

Esse posicionamento, além de condizente com o princípio da proteção do empregado e da norma mais favorável, encontra fundamento no próprio *caput* do art. 7º da Constituição da República, quando se reporta expressamente a outros direitos que visem à melhoria da condição social dos trabalhadores urbanos e rurais.

Também seriam válidas as normas autônomas que flexibilizam direitos trabalhistas de indisponibilidade relativa, por sua própria natureza (p. ex., as inerentes à modalidade de pagamento de salário, ao tipo de jornada de trabalho e ao fornecimento de salário-utilidade) ou pela existência de permissivo normativo expresso (art. 7º, incisos VI, XIII e XIV, da *CF/88*).

Por sua vez, seriam eivadas de invalidade as normas coletivas que flexibilizam direitos de indisponibilidade absoluta, como as relativas à saúde e segurança do trabalho e à identificação e registro do contrato de trabalho.

XIII RECEITAS SINDICAIS

Este tema foi abordado na prova subjetiva do seguinte concurso público do Ministério Público do Trabalho:

Quais as fontes de receita das entidades sindicais e como são encaradas pela jurisprudência do Tribunal Superior do Trabalho e do Supremo Tribunal Federal? (Concurso VI do MPT)

1. Introdução

Enuncia o art. 8º, *caput* e inciso V, da Constituição da República que é livre a associação profissional ou sindical, assegurando que ninguém será obrigado a filiar-se ou a manter-se filiado a sindicato.

O princípio da liberdade sindical é o reflexo do princípio da liberdade associativa no âmbito sindicalista.

A liberdade sindical também possui dupla dimensão (art. 8º, inciso V, da *CF/88*):

a) a dimensão positiva, consistente na liberdade de criação e de filiação a uma entidade sindical. Também inclui a liberdade de auto-extinção (ou após regular processo judicial);
b) a dimensão negativa, que corresponde à liberdade de se desfiliar de uma entidade sindical.

Todavia, de forma paradoxal, na contramão da efetividade do princípio da liberdade sindical, o legislador constituinte, arraigado a conceito inerente à época corporativista e autoritária, impôs a unicidade sindical de representação compulsória por categoria (art. 8º, inciso II) e recepcionou a cobrança de contribuição sindical obrigatória em favor das associações que formam o sistema confederativo de representação sindical (art. 8º, inciso IV, *in fine*).

É certo que esses preceitos constitucionais terminam por violar o tríplice aspecto do princípio da liberdade sindical, nos exatos termos da Convenção nº 87 da Organização Internacional do Trabalho (não ratificado pelo Brasil) e do Pacto Internacional dos Direitos Econômicos, Sociais e Culturais da Organização das Nações Unidas.

Primeiro, o da liberdade sindical coletiva, enquanto direito das coletividades obreiras e patronais, agrupadas em razão de atividades comuns, similares ou conexas, de constituírem sindicato de sua escolha, com a estruturação que lhes convier.

Este aspecto, por óbvio, não é condizente com a unicidade compulsória de representação sindical por categoria imposta no art. 8º, inciso II, da CF/88.

Segundo, o da liberdade sindical individual, como direito de cada trabalhador ou empresário de filiar-se ao sindicato de sua preferência e dele desligar-se.

Este, por sua vez, não condiz com a instituição de contribuição sindical obrigatória a trabalhadores não associados, conforme disposição expressa do inciso IV do art. 8º da CF/1988.

Terceiro, o da autonomia sindical, como direito das associações sindicais de auto-organização interna e funcionamento, assim como de criação de federações e confederações ou de filiação às já existentes.

O princípio da autonomia sindical resta assegurado no art. 8º, inciso I, da Constituição da República, ao assegurar que "*a lei não poderá exigir autorização do Estado para a fundação de sindicato, ressalvado o registro no órgão competente, vedadas ao Poder Público a interferência e a intervenção na organização sindical*".

Este último aspecto também deixa de ser condizente com a unicidade compulsória de representação sindical por categoria, em qualquer grau (afronta à liberdade de criação e de filiação sindical) e com a cobrança de contribuições sindicais compulsórias (afronta à liberdade de auto-estruturação).

Não obstante as considerações acima esposadas, é certo que, de acordo com o princípio da continuidade das leis, as disposições legais anteriores à nova ordem constitucional são recepcionadas quando compatíveis com os princípios e normas da Constituição.

Ou seja, se essas normas infraconstitucionais forem incompatíveis com os princípios e normas constitucionais vigentes, aquelas perdem seu fundamento de validade jurídica.

O Texto Constitucional vigente, em seu art. 8º, inciso I (vedação de autorização estatal para a criação de sindicatos e de interferência e intervenção do Poder Público na organização sindical) não recepcionou os dispositivos contidos na Consolidação das Leis do Trabalho que afrontam o princípio da autonomia sindical.

Por outro lado, ao impor a unicidade sindical por categoria (art. 8º, II) e validar a contribuição anual obrigatória instituída por lei em favor do sistema confederativo de representação sindical (art. 8º, IV), o legislador constituinte recepcionou as normas celetistas sobre as respectivas matérias, como, à guisa de exemplos, os arts. 511 (Da Associação em Sindicatos), 570 (Do Enquadramento Sindical) e 578 (Da Contribuição Sindical) da CLT, naquilo que não for incompatível com as disposições da Magna Carta.

2. Receitas Sindicais

No contexto das modalidades de receitas sindicais previstas no ordenamento jurídico brasileiro, podemos destacar quatro: a contribuição sindical obrigatória, antes conhecida como "imposto sindical"; a contribuição confederativa, instituída no art. 8º, inciso IV, da Carta Magna; a contribuição assistencial, fixada no bojo dos instrumentos coletivos, com espeque no art. 513, alínea "e", da CLT e as mensalidades, pagas pelos trabalhadores sindicalizados, haja vista a natureza associativa do sindicato.

A contribuição sindical obrigatória (imposto sindical), por força do disposto no art. 578 da CLT, consiste em receita anual, devida aos sindicatos pelos que participem das categorias econômicas ou profissionais ou das profissões liberais representadas pelas referidas entidades.

Essa modalidade de receita sindical, apesar de ser inerente aos períodos autoritários e corporativistas que marcaram o país durantes os regimes ditatoriais, foi recepcionada pelo comando previsto na parte final do art. 8º, inciso IV, da Constituição da República (*independentemente da contribuição prevista em lei*).

De acordo com o preceito estabelecido no art. 579 da CLT, a contribuição sindical obrigatória é devida por todos que participarem de uma determinada categoria econômica ou profissional, ou de uma profissão liberal, em favor do sindicato representativo da mesma categoria ou profissão.

Para os empregados, a contribuição sindical será recolhida, de forma única, anualmente, na importância correspondente à remuneração de um dia de trabalho, qualquer que seja a modalidade da referida remuneração, nos moldes do art. 580, inciso I, da CLT.

Os empregadores estão obrigados pelo art. 582 da CLT a descontar, da folha de pagamento de seus empregados relativa ao mês de março de cada ano, a contribuição sindical por estes devida aos respectivos sindicatos.

Segundo o art. 589 da CLT, com nova redação dada pela Lei nº 11.648/2008 (que dispõe sobre o reconhecimento formal das centrais sindicais), da importância da arrecadação da contribuição sindical serão feitos os seguintes créditos pela Caixa Econômica Federal, na forma das instruções que forem expedidas pelo Ministro do Trabalho e Emprego:

I – para os empregadores:

a) 5% (cinco por cento) para a confederação correspondente;

b) 15% (quinze por cento) para a federação;

c) 60% (sessenta por cento) para o sindicato respectivo; e

d) 20% (vinte por cento) para a "Conta Especial Emprego e Salário";

II – para os trabalhadores:

a) 5% (cinco por cento) para a confederação correspondente;

b) 10% (dez por cento) para a central sindical;

c) 15% (quinze por cento) para a federação;

d) 60% (sessenta por cento) para o sindicato respectivo; e

e) 10% (dez por cento) para a "Conta Especial Emprego e Salário".

A contribuição sindical, além das despesas vinculadas à sua arrecadação, recolhimento e controle, deve ser aplicada pelos sindicatos de empregados, na conformidade dos respectivos estatutos, visando aos seguintes objetivos: assistência jurídica; assistência médica, dentária, hospitalar e farmacêutica; assistência à maternidade; agências de colocação; cooperativas; bibliotecas; creches; congressos e conferências; auxílio-funeral; colônias de férias e centros de recreação; prevenção de acidentes do trabalho; finalidades desportivas e sociais; educação e formação profissional; e bolsas de estudo (art. 592, inciso II, alíneas "a" a "o", da CLT).

A contribuição sindical obrigatória tem natureza parafiscal, incidindo sobre todos os membros componentes das categorias profissionais e econômicas, sindicalizados ou não.

A preservação dessa modalidade de receita sindical não deixa de constituir afronta ao princípio da liberdade e da autonomia sindicais, tratando-se de resquício do sistema corporativista autoritário.

Outra receita sindical é a contribuição confederativa, prevista no art. 8º, inciso IV, da Constituição da República, fixada pela assembléia geral, para custeio do sistema confederativo de representação sindical.

Conforme o entendimento cristalizado na Súmula 666 do E. Supremo Tribunal Federal: "*A contribuição confederativa de que trata o art. 8º, IV, da Constituição, só é exigível dos filiados ao sindicato respectivo*".

Assim sendo, a contribuição confederativa é exigível apenas dos filiados ao sindicato respectivo. Isso porque a adoção de entendimento em contrário implicaria ofensa ao princípio da liberdade sindical em sua dimensão negativa, que se traduz no direito de não se filiar a uma entidade sindical, assegurado no art. 8º, inciso V, da Constituição da República.

Neste mesmo sentido, o Precedente Normativo nº 119 do C. Tribunal Superior do Trabalho, *in verbis*:

> A Constituição da República, em seus arts. 5º, XX, e 8º, V, assegura o direito de livre associação e sindicalização. É ofensiva a essa modalidade de liberdade cláusula constante de acordo, convenção coletiva ou sentença normativa estabelecendo contribuição em favor de entidade sindical a título de taxa para custeio do sistema confederativo, assistencial, revigoramento ou fortalecimento sindical e outras da

> mesma espécie, obrigando trabalhadores não sindicalizados. Sendo nulas as estipulações que inobservem tal restrição, tornam-se passíveis de devolução os valores irregularmente descontados.

Outra modalidade de receita sindical que pode ser destacada é a contribuição assistencial, também denominada taxa de reforço sindical ou contribuição de fortalecimento sindical.

Esta contribuição assistencial é prevista em instrumentos normativos negociados (acordos coletivos de trabalho e convenções coletivas de trabalho), em benefício do sindicato acordante ou convenente, para desconto em folha de pagamento em algumas parcelas ao longo do ano.

Possui previsão genérica no art. 513, alínea "e", da CLT, quando estipula como prerrogativa do sindicato impor contribuições a todos aqueles que participam das categorias econômicas ou profissionais ou das profissões liberais representadas.

No entanto, com fundamento no princípio da liberdade sindical (dimensão negativa), a jurisprudência vem se posicionando pela invalidade de cláusula coletiva que contemple cobrança de contribuição assistencial a trabalhadores não sindicalizados, consoante o Precedente Normativo nº 119 do C. Tribunal Superior do Trabalho acima destacado.

A corroborar este entendimento, a Orientação Jurisprudencial nº 17 da Seção Especializada de Dissídios Coletivos do C. Tribunal Superior do Trabalho, ao dispor *in litteris*:

> As cláusulas coletivas que estabeleçam contribuição em favor de entidade sindical, a qualquer título, obrigando trabalhadores não sindicalizados, são ofensivas ao direito de livre associação e sindicalização, constitucionalmente assegurado, e, portanto, nulas, sendo passíveis de devolução, por via própria, os respectivos valores eventualmente descontados.

A Lei Complementar nº 75/1993 (Lei Orgânica do Ministério Público da União) prevê, entre as atribuições institucionais do Ministério Público do Trabalho, o ajuizamento das ações anulatórias de cláusulas de instrumento coletivo que violem as liberdades individuais e coletivas ou os direitos indisponíveis dos trabalhadores, *verbis*:

> *Art. 83 – Compete ao Ministério Público do Trabalho o exercício das seguintes atribuições junto aos orgãos da Justiça do Trabalho:*
>
> *(...)*
>
> *IV – propor as ações cabíveis para a declaração de nulidade de cláusula de contrato, acordo coletivo ou convenção coletiva que viole as liberdades individuais ou coletivas os direitos indisponíveis dos trabalhadores.*

Com base nesse dispositivo, o Ministério Público do Trabalho vem ajuizando ações anulatórias visando à declaração de nulidade dessas cláusulas coletivas que impõem a cobrança de contribuições a trabalhadores não sindicalizados, de competência originária dos Tribunais.

Outro mecanismo de atuação que vem sendo muito utilizado pelo *Parquet* é o ajuizamento de ação civil pública em face dos sindicatos e/ou empresas, postulando a condenação em obrigação de não fazer (tutela inibitória), no sentido de que se abstenham de celebrar cláusula normativa que preveja a cobrança de contribuições a trabalhadores não filiados ao sindicato, cuja competência é do juízo monocrático das Varas do Trabalho.

Por fim, como última modalidade de receita sindical, citemos a mensalidade, que consiste em parcela mensal paga apenas pelos filiados aos sindicatos, traduzindo-se em modalidade voluntária de contribuição, em razão da natureza associativa desses entes.

XIV RESPONSABILIDADE CIVIL EXTRACONTRATUAL DO ESTADO

Este tema foi abordado na prova subjetiva do seguinte concurso público do Ministério Público do Trabalho:
Qual a natureza jurídica da responsabilidade do Estado? (Concurso VI do MPT)

1. Conceito

Reportando-nos às lições de Celso Antônio Bandeira de Mello (*Curso de Direito Administrativo*, 24. ed., São Paulo: Malheiros, 2007, p. 967), a responsabilidade civil extracontratual do Estado pode ser conceituada como sendo a obrigação que incumbe ao Estado de reparar economicamente os danos lesivos à esfera juridicamente garantida de outrem e que lhe sejam imputáveis em decorrência de comportamentos unilaterais, lícitos ou ilícitos, comissivos ou omissivos, materiais ou jurídicos.

Como qualquer outro sujeito de direitos, o Estado pode vir a se encontrar na situação de quem causou prejuízo a alguém, do que lhe resulta obrigação de recompor os agravos patrimoniais oriundos da ação ou abstenção lesiva.

A responsabilidade estatal decorre da própria noção de "Estado de Direito", que se traduz na sujeição de todas as pessoas, públicas ou privadas, ao quadro da ordem jurídica, de tal sorte que a lesão aos bens jurídicos de terceiros engendra para o autor do dano a obrigação de repará-lo.

O art. 37, § 6º, da Constituição da República preceitua que as pessoas jurídicas de direito público e as de direito privado prestadoras de serviços públicos responderão pelos danos que seus agentes, nessa qualidade, causarem a terceiros, assegurado o direito de regresso contra o responsável nos casos de dolo ou culpa.

Da mesma forma, o art. 43 do Código Civil dispõe que as pessoas jurídicas de direito público interno são civilmente responsáveis por atos dos seus agentes que nessa qualidade causem danos a terceiros, ressalvado direito regressivo contra os causadores do dano, se houver, por parte destes, culpa ou dolo.

A partir desses dispositivos legais acima destacados poder-se-ia extrair que o Estado deve responder pelos danos causados por seus agentes de forma objetiva, ou seja, independente de culpabilidade, bastando a existência de nexo de causalidade entre a conduta do agente (ação ou omissão) e o dano sofrido.

No entanto, comungamos com os ensinamentos do ilustre jurista Celso Antônio Bandeira de Mello, quando faz distinções acerca da natureza da responsabilidade estatal, notadamente aquelas decorrentes de condutas comissivas e omissivas.

Por conseguinte, adotando as diretrizes traçadas pelo eminente autor, passemos a tecer as considerações atinentes ao tema veiculado nesta questão.

2. Responsabilidade e Sacrifício de Direito

Seguindo a diretrizes traçadas pelo ilustre administrativista, a responsabilidade do Estado não pode nem deve ser confundida com a obrigação, a cargo do Poder Público, de indenizar os particulares naqueles casos em que a ordem jurídica lhe confere o poder de investir diretamente contra o direito de terceiros, sacrificando certos interesses privados e convertendo-os em sua correspondente expressão patrimonial.

Incorrer-se-á em *sacrifício de direito* quando a ordem jurídica estabelecer em prol do Estado um poder cujo conteúdo reside especificamente em aniquilar um direito alheio, que se converterá em correlativa expressão patrimonial. É o que ocorre, exemplificativamente, na desapropriação.

Por sua vez, a responsabilidade estatal por atos lícitos ocorrerá quando o poder conferido ao Estado e legitimamente exercido acarreta, indiretamente, como simples conseqüência, e não como sua finalidade própria, a lesão a um direito alheio. É a hipótese do nivelamento de rua, com prejuízos aos moradores lindeiros.

3. Originalidade da Responsabilidade Estatal

A responsabilidade pública se governa por princípios próprios, compatíveis com a peculiaridade de sua posição jurídica, e, por isso mesmo, é mais extensa que a responsabilidade que pode calhar às pessoas privadas.

As funções estatais rendem ensejo à produção de danos mais intensos que os suscetíveis de serem gerados pelos particulares.

Os deveres públicos, a disponibilidade do uso normal de força, o contato constante com os administrados são alguns dos fatores que podem acarretar prejuízos em escala macroscópica, imprimindo-lhe fisionomia própria.

4. Fundamentos da Responsabilidade do Estado

Nos comportamentos ilícitos comissivos ou omissivos, jurídicos ou materiais, o dever de reparar o dano é a contrapartida do princípio da legalidade. No comportamento ilícito comissivo, a responsabilidade de reparar também encontra fundamento no princípio da igualdade.

Nos comportamentos lícitos e nos danos ligados a situação criada pelo Poder Público, o fundamento da responsabilidade estatal é garantir a equânime repartição dos ônus provenientes de atos ou efeitos lesivos, evitando que alguns suportem prejuízos ocorridos por ocasião ou por causa de atividades desempenhadas no interesse de todos. Logo, seu fundamento é o princípio da igualdade.

5. Sujeitos Ativos

Assim como a ordem jurídica constrói a realidade "pessoa jurídica", também constrói para ela as realidades "vontade" e "ação", imputando o querer e o agir dos agentes à pessoa do Estado.

A relação entre a vontade e a ação do Estado e de seus agentes é uma relação de imputação direta dos atos dos agentes ao Estado. Trata-se de clara relação orgânica.

Daí, exsurge a seguinte indagação: quem são as pessoas suscetíveis de serem consideradas agentes públicos, cujos comportamentos acarretam a responsabilidade do Estado?

Todas as pessoas que, em qualquer nível de escalão, tomam decisões ou realizam atividades da alçada do Estado, prepostas que estão ao desempenho de um mister público (jurídico ou material), isto é, havido pelo Estado como pertinente a si próprio.

Ensejarão responsabilidade estatal não só os danos produzidos no próprio exercício da atividade pública do agente, mas também aqueles que só puderam ser produzidos graças ao fato de o agente prevalecer-se da condição de agente público.

Logo, independente de culpa ou dolo, o que importará é se a sua qualidade de agente público foi determinante para a conduta lesiva. Se terceiros foram lesados, em razão de o autor ser agente público, ocorreu o bastante para se desenhar hipótese de responsabilidade estatal.

6. Caracteres da Conduta Lesiva

6.1. Danos por Ação do Estado

Se o Estado é o gerador do dano (ato comissivo lícito ou ilícito), produzindo o evento lesivo, aplicar-se-á a responsabilidade objetiva, que prescinde das noções de culpa e de dolo, bastando a comprovação do nexo de causalidade entre a conduta lesiva e o dano.

A noção de Estado de Direito reclama a de Estado responsável. As condições em que o Poder Público pode produzir dano são muito distintas das que ocorrem nas relações entre particulares.

O Estado detém o monopólio da força. O Estado dita os termos de sua presença na coletividade, sem que os administrados possam esquivar-se. O Estado frui do poder de intervir unilateralmente na esfera jurídica de terceiros. O Estado tem o dever de praticar atos em benefício de todos, os quais podem gravar especialmente a algum ou alguns dos membros da coletividade.

Por isso, não há cogitar de culpa, dolo ou infração ao Direito quando comportamento estatal comissivo é causador de dano a alguém.

6.2. Danos por Omissão do Estado

Quando o dano foi possível em decorrência de uma omissão do Estado (o serviço não funcionou, funcionou tardia ou ineficientemente), aplicar-se-á a teoria da responsabilidade subjetiva.

Se o Estado não agiu, não pode ser ele o autor do dano. E, se não foi o autor, somente cabe responsabilizá-lo caso esteja obrigado a impedir o dano. O Estado deverá ser responsabilizado se descumpriu dever legal que lhe impunha obstar ao evento lesivo.

Configura-se a "culpa do serviço" (*faute du service*) ou "falta do serviço" ou "culpa anônima", quando este não funciona ou quando, devendo funcionar, funciona mal ou funciona atrasado.

Caso o Poder Público não estivesse obrigado a impedir o acontecimento danoso, faltaria razão para lhe impor o encargo de suportar patrimonialmente as conseqüências da lesão. Logo, a responsabilidade estatal por ato omissivo é sempre responsabilidade por comportamento ilícito.

E, sendo responsabilidade por ato ilícito, esta é de natureza subjetiva, pois não há conduta ilícita do Estado que não seja proveniente de negligência, imprudência ou imperícia (culpa) ou de deliberado propósito de violar a norma que o constituía em dada obrigação (dolo).

É necessário que o Estado haja incorrido em ilicitude, por não ter acorrido para impedir o dano ou por haver sido insuficiente nesse mister, em razão de comportamento inferior ao padrão legal exigível. A normalidade da eficiência há de ser apurada em função do meio social, do estágio de desenvolvimento tecnológico, cultural, econômico e da conjuntura da época, isto é, das possibilidades reais médias dentro do ambiente em que se produziu o fato danoso.

Nos atos omissivos, o Estado não é o autor do dano. Sua omissão ou deficiência haveria sido condição do dano, e não causa. Condição é o evento que não ocorreu, mas que, se ocorresse, teria impedido o resultado.

Em inúmeras situações de "culpa do serviço" é de se admitir a presunção de culpa do Poder Público, ante a dificuldade e/ou impossibilidade de o administrado demonstrar que o serviço não se desempenhou como deveria. Ocorrerá verdadeira inversão do ônus da prova.

Existe doutrina no sentido de que, ainda que em caso de omissão, a responsabilidade estatal seria de natureza objetiva, bastando a comprovação da existência de nexo de causalidade entre a omissão verificada e o dano proveniente, com espeque no art. 37, § 6º, da CF/1988.

No entanto, vislumbramos que a própria noção de "omissão" encontra-se invariavelmente vinculada à negligência e à imprudência, ou até mesmo a uma atitude dolosa, quando o agente público não age, age mal ou tardiamente no cumprimento de um dever legal. Dessa forma, não haveria como afastar a aferição da culpabilidade, a fim de que se pudesse verificar a existência ou não de efetiva omissão estatal e o nexo de causalidade possivelmente existente com o dano sofrido pela vítima.

6.3. Danos Dependentes de Situação Produzida pelo Estado

Existem casos em que a ação danosa propriamente dita não é efetuada por agente do Estado, contudo é o Estado quem produz a situação da qual o dano depende. É o Poder Público quem constitui, por ato comissivo seu, os fatores que propiciarão decisivamente a emergência do dano.

Estas hipóteses se assimilam às de danos produzidos pela própria ação do Estado e, por isso, ensejam a aplicação da teoria da responsabilidade objetiva.

Ocorre que uma atuação positiva do Estado, sem ser a geradora imediata do dano, entra decisivamente em sua linha de causação. É o que deriva da guarda pelo Estado de pessoas ou coisas perigosas, em face do que o Poder Público expõe terceiros a risco.

Os danos eventualmente surgidos em decorrência dessa situação de risco ensejarão a responsabilidade objetiva do Estado. Todavia, se a lesão sofrida não guardar qualquer vínculo com esse pressuposto de risco, não haverá falar em responsabilidade objetiva.

7. O Dano Indenizável

Não é todo dano vinculado aos comportamentos comissivos ou omissivos do Estado que dá margem a indenização.

Para que surja o dever público de indenizar, faz-se necessário que o dano apresente certas características:

a) o dano corresponda a lesão a um direito da vítima. Quem não fere direito alheio não tem por que indenizar. Quem não sofreu gravame em um direito não tem título jurídico para postular indenização. O evento danoso deve implicar, além de lesão econômica, lesão jurídica;
b) o dano deve ser certo, e não apenas eventual, podendo ser atual como futuro, desde que real. Nele se engloba o que se perdeu (danos emergentes) e o que se deixou de ganhar (lucros cessantes).

Essas características do dano são suficientes para ensejar a responsabilidade estatal por atos ilícitos (comissivos e omissivos).

No entanto, para ensejar a responsabilidade do Estado nos atos lícitos, além dessas duas primeiras, sobressaem as seguintes características:

a) *Especialidade*: o dano especial é aquele que onera a situação particular de um ou alguns indivíduos, não sendo, pois, um prejuízo genérico, disseminado pela sociedade. Corresponde a um agravo patrimonial que incide especificamente sobre certo ou certos indivíduos, e não sobre a coletividade ou genérica e abstrata categoria de pessoas;
b) *Anormalidade*: o dano anormal é aquele que supera os meros agravos patrimoniais pequenos e inerentes às condições de convívio social. A vida em sociedade implica a aceitação de certos riscos de sujeição a moderados gravames econômicos a que todos estão sujeitos, ocasional e transitoriamente, conquanto em escala variável e na dependência de fatores circunstanciais.

XV FORMAS DE ATUAÇÃO DO MINISTÉRIO PÚBLICO DO TRABALHO

Este tema foi abordado nas provas subjetivas dos seguintes concursos públicos do Ministério Público do Trabalho:

Tomando-se em conta os arts. 127, 128 e 129 da Constituição Federal de 1988, mostre, fundamentadamente, quais dos direitos e garantias fundamentais, assegurados no art. 5º da Magna Carta, podem ser defendidos pelo Ministério Público do Trabalho perante a Justiça do Trabalho. (Concurso X do MPT)

Disserte a respeito da atuação extrajudicial do MPT na defesa dos direitos transindividuais. (Concurso XIV do MPT)

1. Introdução

O art. 127, *caput*, da Constituição da República dispõe ser o Ministério Público instituição permanente, essencial à função jurisdicional do Estado, incumbindo-lhe a defesa da ordem jurídica, do regime democrático e dos interesses sociais e individuais indisponíveis.

Inicialmente, destaque-se que a essencialidade a que se reporta o comando constitucional acima referido deve ser analisada sobre duplo enfoque: limitativo e ampliativo.

Sob o aspecto restritivo, cabe registrar que a atuação do Ministério Público não se faz presente em todos os processos judiciais, mas tão-somente naqueles em que o interesse público primário encontra-se subjacente à lide.

Por *interesse público primário* entende-se aquele de cunho eminentemente social, seja pela natureza da lide, seja pela qualidade da parte, concernente a valores relevantes à sociedade como um todo, e não o pontual e momentâneo do administrador público, denominado *interesse público secundário*.

Sob o prisma ampliativo, saliente-se que a atuação do *Parquet* não se restringe à intervenção em processos judiciais, destacando-se duas outras importantes formas de exercício de suas funções institucionais: a promoção de interesses e as atividades de órgão agente, sem falar nos procedimentos de mediação e arbitragem.

No tocante aos alicerces que devem nortear as atividades do Órgão Ministerial, o art. 127, § 1º, do Texto Constitucional estabelece como princípios institucionais a unidade, a indivisibilidade e a independência funcional. Nesse mesmo sentido, o comando exposto no art. 4º da Lei Complementar nº 75/1993 (Lei Orgânica do Ministério Público da União).

Ao princípio da unidade corresponde a idéia de que todos os membros de um mesmo Ministério Público integram um só órgão sob a direção de um só chefe, visando a atingir as finalidades institucionais como um todo único. A atuação de cada membro corresponde à atuação do próprio órgão ministerial.

Não há, contudo, uma unidade administrativa entre órgãos de Ministérios Públicos diversos, mas apenas institucional. A corroborar esta assertiva, cite-se o preceito contido no art. 185 da Lei Complementar nº 75/1993, que veda a transferência ou aproveitamento nos cargos do Ministério Público da União, mesmo de um para outro de seus ramos.

De acordo com o princípio da indivisibilidade, os membros de um mesmo Ministério Público podem ser substituídos uns pelos outros sem que haja alteração subjetiva na atuação judicial ou extrajudicial do *Parquet*. Trata-se, pois, de efetivo corolário direto do princípio da unidade.

O princípio da independência funcional consiste na liberdade de atuação institucional de cada membro do Ministério Público. Não há hierarquia funcional entre os membros do Ministério Público, mas apenas hierarquia de natureza meramente administrativa, com estrita observância do princípio da legalidade.

Para que seja devidamente resguardada a efetividade deste princípio da independência funcional, impedindo que influências internas e/ou externas possam macular o exercício das atividades do membro do Ministério Público, o art. 128, § 5º, inciso I, alíneas "a" a "c", da Carta Magna assegura as seguintes garantias:

a) a vitaliciedade, após dois anos de exercício, não podendo perder o cargo senão por sentença judicial transitada em julgado;
b) a inamovibilidade, salvo por motivo de interesse público, mediante decisão do órgão colegiado competente do Ministério Público, pelo voto da maioria absoluta de seus membros, assegurada ampla defesa;
c) a irredutibilidade de subsídio, fixado na forma do art. 39, § 4º, e ressalvado o disposto nos arts. 37, X e XI, 150, II, 153, III, 153, § 2º, I.

Por sua vez, a fim de que não pairem dúvidas acerca da imparcialidade do membro do Ministério Público, quando do exercício de suas atribuições institucionais, o art. 128, § 5º, inciso II, alíneas "a" a "f", da Constituição Federal, estabelece as seguintes vedações:

a) receber, a qualquer título e sob qualquer pretexto, honorários, percentagens ou custas processuais;
b) exercer a advocacia;
c) participar de sociedade comercial, na forma da lei;
d) exercer, ainda que em disponibilidade, qualquer outra função pública, salvo uma de magistério;
e) exercer atividade político-partidária;
f) receber, a qualquer título ou pretexto, auxílios ou contribuições de pessoas físicas, entidades públicas ou privadas, ressalvadas as exceções previstas em lei.

Frise-se, ainda, que a norma disposta no § 6º desse mesmo art. 128 estende aos membros do Ministério Público a vedação prevista para os membros do Poder Judiciário no art. 95, parágrafo único, inciso V: "*exercer a advocacia no juízo ou tribunal do qual se afastou, antes de decorridos três anos do afastamento do cargo por aposentadoria ou exoneração*".

E como não poderia ser diferente, aos membros do Ministério Público do Trabalho, enquanto ramo do Ministério Público da União (art. 128, inciso I, alínea "b", da CF/1988), se aplicam os princípios, garantias e vedações institucionais acima perfilhados.

2. Promoção de Interesses

A primeira forma de atuação do Ministério Público do Trabalho, poucas vezes lembrada pela doutrina especializada, e tão importante quanto às demais outras formas de atuação do *Parquet*, é a de promotor de interesses, de âmbito estritamente extrajudicial.

A promoção de interesses traduz-se em relevante função institucional, destacando-se por sua natureza interdisciplinar, preventiva e pedagógica.

Como exemplos, podem ser citados a realização de seminários, fóruns, entrevistas, palestras, debates e a distribuição de cartilhas e cartazes informativos, que visem à divulgação, prevenção e combate a lesões a bens jurídicos que justifiquem a atuação do Ministério Público, notadamente os relacionados a violações de direitos de índole fundamental, indisponíveis por sua essência.

Outra característica marcante é a participação conjunta de outros órgãos ou organismos públicos e privados, tais como o Ministério do Trabalho e Emprego, o Ministério Público Estadual e Federal, os Conselhos Tutelares, os Sindicatos, ONG's, entre outros.

3. Órgão Agente

A atividade de órgão agente está diretamente relacionada à tutela dos direitos metaindividuais, quais sejam, os difusos, coletivos e individuais homogêneos, conceituados na norma prevista nos incisos I a III do parágrafo único do art. 81 da Lei nº 8.078/1990 (Código de Defesa do Consumidor).

De acordo com o art. 81, parágrafo único, inciso I, da citada lei, os interesses ou direitos difusos são os transindividuais, de natureza indivisível, de que sejam titulares pessoas indeterminadas e ligadas por circunstâncias de fato.

A transindividualidade consiste no fato de que os interesses ou direitos difusos devem ser considerados em sua dimensão conjunta, e não em função dos componentes do universo titular desses interesses ou direitos. É irrelevante a sua determinação subjetiva, pois o titular do interesse é a própria coletividade.

Os interesses ou direitos difusos são indivisíveis, não sendo passíveis de fracionamento. A violação do bem implica prejuízos a toda a coletividade envolvida e o atendimento do interesse de um dos lesados importa a satisfação do interesse de todos.

Como última característica, destaca-se a indeterminação subjetiva, ou seja, a impossibilidade de identificação de todos os indivíduos atingidos pela lesão aos interesses difusos, pois os seus titulares estão unidos por meras circunstâncias de fato. São marcados por intensa litigiosidade interna e tendência à transição ou mutação no tempo e no espaço.

O art. 81, parágrafo único, inciso II, da Lei nº 8.078/1990 define os interesses ou direitos coletivos como os transindividuais, de natureza indivisível, de que seja titular grupo, categoria ou classe de pessoas ligadas entre si ou com a parte contrária por uma relação jurídica base.

Da mesma forma que os direitos difusos, o coletivos são dotados de transindividualidade, implicando a respectiva análise em sua dimensão conjunta.

Ainda que seja irrelevante a determinação subjetiva dos integrantes do grupo, categoria ou classe, é, porém, imprescindível a identificação da titularidade coletiva do respectivo grupo, da categoria ou da classe envolvida.

Os indivíduos são, em princípio, indeterminados, mas perfeitamente passíveis de determinação ou identificação, em razão de estarem ligados entre si, ou com a parte contrária, por uma relação jurídica base. Na seara trabalhista, relaciona-se ao conceito de categoria profissional ou econômica e de relação de emprego.

A indivisibilidade, assim como nos direitos difusos, consiste na impossibilidade de fracionamento de seu objeto, com atribuição de cotas a seus titulares.

Por fim, o art. 81, parágrafo único, inciso III, da Lei nº 8.078/1990 conceitua os interesses ou direitos individuais homogêneos como sendo aqueles decorrentes de origem comum.

Os direitos individuais homogêneos somente são coletivos em sentido lato, uma vez que se trata, na verdade, de direitos individuais, cuja defesa em juízo é autorizada por lei, em virtude da origem comum dos referidos interesses.

Os titulares são perfeitamente identificáveis, sendo seu objeto passível de fracionamento. A sua defesa pode ser realizada individualmente, pelos próprios interessados, ou de forma coletiva, pelos entes legitimados.

O que caracteriza o interesse individual como homogêneo, é exatamente a sua origem comum.

Conforme disposição contida no art. 129, inciso III, do Texto Constitucional, é função institucional do Ministério Público a promoção do inquérito civil e da ação civil pública, para a proteção do patrimônio público e social, do meio ambiente e de outros interesses difusos e coletivos.

Na verdade, diga-se que o inquérito civil e a ação civil pública não são propriamente ditos funções institucionais, mas efetivos instrumentos de atuação do *Parquet*, para que este possa exercer, de fato, sua atribuição nuclear: a tutela do interesse público.

Por sua vez, o art. 83, inciso III, da Lei Complementar nº 75/1993 atribui ao Ministério Público do Trabalho a promoção da ação civil pública no âmbito da Justiça do Trabalho, para defesa de interesses coletivos, quando desrespeitados os direitos sociais constitucionalmente garantidos.

Ressalte-se que a expressão "interesses coletivos", a serem tutelados pela via da ação coletiva, deve ser interpretada em sentido amplo, compreendendo todos os chamados direitos metaindividuais.

No entanto, nem sempre foi assegurada a competência da Justiça do Trabalho para julgamento da ação civil pública.

A Lei nº 4.717/1965 foi o primeiro instrumento de defesa dos interesses difusos no Brasil. Instituiu a ação popular, cujo objeto se restringe à anulação ou declaração de nulidade dos atos lesivos ao patrimônio público.

A Lei Complementar Federal nº 40/1981, que estabelecia normas gerais acerca da organização do Ministério Público dos Estados (antiga Lei Orgânica Nacional do Ministério Público), foi o primeiro texto legal a dispor sobre a ação civil pública em nosso ordenamento, considerando como função institucional do *Parquet* a sua promoção.

A Lei nº 7.347/1985 veio disciplinar a ação civil pública de responsabilidade por danos causados ao meio ambiente, ao consumidor, a bens e direitos de valor artístico, estético, histórico, turístico e paisagístico (art. 1º, incisos I a III). A Presidência da República vetou o inciso IV do art. 1º da Lei nº 7.347/1985, que previa o cabimento da ação civil pública para a tutela de "*outros interesses difusos*".

O art. 129, inciso III, da Constituição da República de 1988 corrigiu o problema surgido com o veto presidencial, atribuindo ao Ministério Público, como função institucional, a promoção do inquérito civil e da ação civil pública para a proteção do patrimônio público e social, do meio ambiente e "*de outros interesses difusos e coletivos*".

O art. 110 da Lei nº 8.078/1990 (Código de Defesa do Consumidor), em consonância com o preceito constitucional, acrescentou o inciso IV ao art. 1º da Lei nº 7.347/1985, estendendo a tutela da ação civil pública "*a qualquer outro interesse difuso e coletivo*".

O art. 83, inciso II, da Lei Complementar nº 75/1993 veio apenas referendar esta competência da Justiça Trabalhista.

No entanto, a atuação como órgão agente não se limita à esfera judicial, podendo, até mesmo, jamais atingir esta fase, restringindo-se somente a uma atuação de natureza extrajudicial.

A notícia de lesão ou ameaça de lesão a direitos metaindividuais desencadeia a instauração de procedimento investigatório, para apuração da veracidade dos fatos denunciados, com vistas à atuação do Ministério Público do Trabalho.

O inquérito civil não é o único, mas é o principal instrumento investigatório do *Parquet*, instituído pela Lei nº 7.347/1985 (Lei da Ação Civil Pública), com reconhecida inspiração no inquérito policial. Encontra-se, ainda, como visto, consagrado no art. 129, inciso III, da CF/1988.

Antes do advento da Lei nº 7.347/1985 (LACP), inexistia instrumento investigativo prévio e formalmente previsto em lei que visasse à apuração da autoria e materialidade de lesão ou ameaça de lesão a direitos transindividuais.

Os arts. 8º e 9º da Lei da Ação Civil Pública instituíram o inquérito civil como procedimento de investigação de caráter administrativo, presidido por membro do Ministério Público, que se destina à coleta de elementos de convicção com vistas à identificação ou não de hipótese autorizadora da propositura de ação civil pública.

Não obstante a inspiração advinda do inquérito policial, o inquérito civil é presidido diretamente por membro do Ministério Público, estando sujeito a controle de arquivamento pela própria instituição ministerial.

Trata-se, pois, o inquérito civil de procedimento administrativo de natureza inquisitorial, presidido por membro do Ministério Público, que se destina à coleta de elementos de convicção, visando à apuração da autoria e da materialidade de lesão ou ameaça de lesão a direitos metaindividuais, com vistas à propositura de ação civil pública.

É instrumento de investigação exclusivo do Ministério Público (art. 8º, § 1º, da LACP), não obstante a legitimidade concorrente e disjuntiva para ajuizamento da ação civil pública (art. 5º da LACP).

Com fundamento no art. 8º, incisos I a IX, da Lei Complementar nº 75/1993, o membro do Ministério Público da União, no exercício de suas atribuições, poderá, nos procedimentos de sua competência:

> *I – notificar testemunhas e requisitar sua condução coercitiva, no caso de ausência injustificada;*
> *II – requisitar informações, exames, perícias e documentos de autoridades da Administração Pública direta ou indireta;*
> *III – requisitar da Administração Pública serviços temporários de seus servidores e meios materiais necessários para a realização de atividades específicas;*
> *IV – requisitar informações e documentos a entidades privadas;*
> *V – realizar inspeções e diligências investigatórias;*
> *VI – ter livre acesso a qualquer local público ou privado, respeitadas as normas constitucionais pertinentes à inviolabilidade do domicílio;*
> *VII – expedir notificações e intimações necessárias aos procedimentos e inquéritos que instaurar;*
> *VIII – ter acesso incondicional a qualquer banco de dados de caráter público ou relativo a serviço de relevância pública;*
> *IX – requisitar o auxílio de força policial.*

Após a fase instrutória do inquérito civil, se o membro do Ministério Público do Trabalho, depois de esgotadas todas as diligências, convencer-se acerca da inexistência de fundamento para a propositura de ação civil pública ou coletiva, promoverá o seu arquivamento (art. 9º, *caput*, da LACP).

O arquivamento do inquérito civil ou das peças informativas se sujeita à homologação do Conselho Superior do Ministério Público do Trabalho[1]. Na hipótese, os autos deverão ser encaminhados ao referido órgão colegiado no prazo de 3 (três) dias, sob pena de se incorrer em falta grave (art. 9º, § 1º, da LACP).

Condiciona-se ao controle de arquivamento não somente o inquérito civil, mas também qualquer outro procedimento investigatório preliminar e/ou peças de informação (ex: procedimentos preparatórios).

Até a apreciação da promoção de arquivamento em sessão do Conselho Superior do Ministério Público do Trabalho[2], qualquer interessado poderá apresentar

[1] Atualmente, por força do art. 10, § 1º, da Resolução nº 69/2007 do Conselho Superior do Ministério Público do Trabalho, cabe, à Câmara de Coordenação e Revisão do Ministério Público do Trabalho este controle de arquivamento. Vide o exposto no item 7 do Capítulo XVI.

[2] Vide nota anterior.

razões escritas ou documentos, que serão juntados aos respectivos autos (art. 9º, § 2º, da LACP).

Não sendo homologada a promoção de arquivamento pelo Conselho Superior do Ministério Público do Trabalho[3], será designado outro órgão ministerial para o ajuizamento da ação civil pública (art. 9º, § 4º, da LACP), ou prosseguimento das diligências investigatórias.

O membro do Ministério Público que for designado para propor a ação civil pública, ou prosseguir nas diligências investigatórias, não agirá por atribuições próprias, mas por delegação do colegiado, não podendo, dessa forma, invocar a independência funcional para se furtar ao ajuizamento da referida ação ou ao prosseguimento da investigação.

Registre-se, por oportuno, que a Resolução nº 23/2007 do Conselho Nacional do Ministério Público veio disciplinar a instauração e o trâmite do inquérito civil no âmbito dos Ministérios Públicos, regulamentando, inclusive, o instrumento investigatório do procedimento preparatório.

Frise-se, por oportuno, que a instauração do inquérito civil ou de qualquer outro procedimento investigatório não constitui pressuposto indispensável para que o Ministério Público compareça em juízo.

Nesse sentido, a disposição contida no art. 1º, parágrafo único, da Resolução nº 23/2007 do Conselho Nacional do Ministério Público, quando dispõe: "*O inquérito civil não é condição de procedibilidade para o ajuizamento das ações a cargo do Ministério Público, nem para a realização das demais medidas de sua atribuição própria*".

Se o membro do Ministério Público do Trabalho, ao final do inquérito civil, concluir pela materialidade e autoria da lesão denunciada, poderá propor ao inquirido a celebração de Termo de Compromisso de Ajustamento de Conduta, nos exatos termos do § 6º do art. 5º da Lei nº 7.345/1985 (LACP), que dispõe *in verbis*: "*Os órgãos públicos legitimados poderão tomar dos interessados compromisso de ajustamento de sua conduta às exigências legais, mediante cominações, que terá eficácia de título executivo extrajudicial*".

Conforme o art. 14 da Resolução nº 23/2007 do Conselho Nacional do Ministério Público, o Ministério Público poderá firmar compromisso de ajustamento de conduta, nos casos previstos em lei, com o responsável pela ameaça ou lesão aos interesses ou direitos mencionados no art. 1º da referida Resolução, visando à reparação do dano, à adequação da conduta às exigências legais ou normativas e, ainda, à compensação e/ou à indenização pelos danos que não possam ser recuperados.

O Termo de Compromisso, a ser firmado perante qualquer dos órgãos públicos legitimados ao ajuizamento da ação civil pública, consiste em manifestação unilateral

[3] Vide nota 1 da p. 129.

e espontânea de vontade do compromitente em adequar sua conduta aos preceitos legais e/ou constitucionais. Trata-se, como visto, de título executivo extrajudicial, nos moldes dos arts. 5º, § 6º, da Lei da Ação Civil Pública e 876, *caput*, da CLT.

A firmatura de Termo de Compromisso de Ajustamento de Conduta perante o Ministério Público do Trabalho acarreta o arquivamento do inquérito civil, sendo desnecessária a remessa dos autos ao Conselho Superior (Precedente nº 16 do CSMPT)[4], dando início a um procedimento de acompanhamento do cumprimento do referido instrumento.

O descumprimento das obrigações consignadas no Termo de Compromisso de Ajustamento de Conduta importa o ajuizamento de ação de execução de título executivo extrajudicial, tendo por objeto não somente a multa cominatória fixada no referido instrumento, mas também, e principalmente, as próprias obrigações ali constantes.

A multa cominatória não possui a natureza jurídica de cláusula penal, mas de meio de coerção (*astreintes*), não sofrendo, dessa forma, nenhuma limitação correspondente ao valor da obrigação principal.

Se o inquirido não concordar com a celebração de Termo de Compromisso de Ajustamento de Conduta, o membro do Ministério Público promoverá o arquivamento do inquérito civil, para ajuizamento da ação civil pública ou coletiva.

Traçadas as diretrizes básicas da atuação do Ministério Público do Trabalho na promoção de interesses e na qualidade de órgão agente, passemos à exposição da natureza e das hipóteses da intervenção *custos legis*.

4. Órgão Interveniente

Na prática judiciária é comum referir às atividades do Ministério Público como órgão interveniente através da expressão "atuação *custos legis*", ou seja, na condição de fiscal da lei.

No entanto, com a devida vênia, entendemos que o Ministério Público, em qualquer de suas formas de atuação, jamais se despe de sua função constitucionalmente assegurada de fiscal da lei. Isso porque, conforme já exposto, ao Órgão Ministerial cabe a defesa da ordem jurídica.

Assim sendo, ainda que esteja exercendo atribuições inerentes à promoção de interesses ou às atividades de órgão agente, o *Parquet* se imbui do importante papel de fiscal da lei, não se admitindo que esta conotação se restrinja às hipóteses de intervenção judicial.

Com espeque no art. 83, inciso II, da Lei Complementar nº 75/1993, constitui atribuição do Ministério Público do Trabalho manifestar-se em qualquer fase do

[4] Vide nota 1 da p. 129.

processo trabalhista, acolhendo solicitação do juiz ou por sua iniciativa, quando entender existente interesse público que justifique a sua intervenção.

O interesse público a que se reporta o dispositivo legal acima destacado é o interesse público primário, ou seja, aquele inerente à própria sociedade, não se confundindo com o interesse público secundário, ínsito ao administrador público, de índole pontual e momentânea.

E esse interesse público primário a ser tutelado pelo Ministério Público do Trabalho, atraindo a sua intervenção judicial como fiscal da lei, pode decorrer da natureza da lide ou da qualidade da parte.

Quando o processo veicula demanda de índole coletiva, cuja pretensão vise à tutela de uma macrolesão, com repercussão social; ou ainda, que vislumbre violação de direitos individuais indisponíveis (como: assédio moral, assédio sexual, revista íntima, trabalho escravo, entre outros), de caráter fundamental, o interesse público primário justificador da intervenção ministerial encontra fundamento na natureza da lide.

Por outro lado, esse interesse público primário pode se verificar a partir de pessoa que mereça proteção especial do Estado. É o caso de processos caracterizados pela existência de interesses de menores e outros incapazes, índios, pessoas portadoras de deficiência física, idosos etc.

Frise-se, ainda, que se o Ministério Público do Trabalho não for parte em ações de natureza coletiva, como a ação civil pública e a ação civil coletiva, deve atuar obrigatoriamente como *custos legis*, nos exatos termos dos arts. 5º, § 1º, da Lei nº 7.347/1985 (LACP) e 92 da Lei nº 8.078/1990 (Código de Defesa do Consumidor).

O art. 75 da Lei nº 10.741/2003, que dispõe sobre o Estatuto do Idoso, também preceitua que, nos processos e procedimentos em que não for parte, atuará obrigatoriamente o Ministério Público na defesa dos direitos e interesses de que cuida a referida lei, hipóteses em que terá vista dos autos depois das partes, podendo juntar documentos, requerer diligências e produção de outras provas, usando os recursos cabíveis.

Por sua vez, o art. 77 desse mesmo Estatuto estabelece que a falta de intervenção do Ministério Público acarreta a nulidade do feito, que será declarada de ofício pelo juiz ou a requerimento de qualquer interessado.

Com relação às pessoas portadoras de deficiência, o art. 5º da Lei nº 7.853/1989 dispõe que o Ministério Público intervirá obrigatoriamente nas ações públicas, coletivas ou individuais, em que se discutam interesses relacionados à deficiência das pessoas.

Já no tocante à reclamação trabalhista ajuizada por menor de 18 (dezoito) anos de idade, não se pode jamais confundir a atuação do Ministério Público do Trabalho como curador, com vistas à integração de sua capacidade processual, quando da ausência de responsáveis legais, conforme previsto no art. 793 da CLT, com a atuação ministerial *custos legis* em todo o processo que versar sobre interesses de incapazes, incluindo os menores.

Conforme preceitua o art. 127, *caput*, da Constituição da República, o Ministério Público é instituição permanente, essencial à função jurisdicional do Estado, incumbindo-lhe a defesa da ordem jurídica, do regime democrático e dos interesses sociais e individuais indisponíveis.

Ao disciplinar o exercício das atribuições do Ministério Público do Trabalho junto aos órgãos da Justiça do Trabalho, o art. 83 da Lei Complementar nº 75/1993 (Lei Orgânica do Ministério Público da União), em seus incisos II e V, dispõe *in verbis*:

> *Art. 83. Compete ao Ministério Público do Trabalho o exercício das seguintes atribuições junto aos órgãos da Justiça do Trabalho:*
>
> *(...)*
>
> *II – manifestar-se em qualquer fase do processo trabalhista, acolhendo solicitação do juiz ou por sua iniciativa, quando entender existente interesse público que justifique a intervenção;*
>
> *(...)*
>
> *V – propor as ações necessárias à defesa dos direitos e interesses dos menores, incapazes e índios, decorrentes da relação de trabalho; (...)*

O art. 112 do mesmo diploma legal também dispõe:

> *Art. 112. Os Procuradores do Trabalho serão designados para funcionar junto aos Tribunais Regionais do Trabalho e, na forma das leis processuais, nos litígios trabalhistas que envolvam, especialmente, interesses de menores e incapazes.*

O Código de Processo Civil, por sua vez, no art. 82, inciso I, atribui ao Ministério Público a legitimidade para intervir nas causas em que há interesses de incapazes.

Entre as prerrogativas institucionais do *Parquet*, quando da atuação na condição de fiscal da lei, o art. 83, incisos I e II, do referido diploma processual civil acrescenta *in litteris*:

> *Art. 83. Intervindo como fiscal da lei, o Ministério Público:*
>
> *I – terá vista dos autos depois das partes, sendo intimado de todos os atos do processo;*
>
> *II – poderá juntar documentos e certidões, produzir prova em audiência e requerer medidas ou diligências necessárias ao descobrimento da verdade.*

Como se ainda não bastasse, a Lei nº 8.069/1990, que dispõe sobre o Estatuto da Criança e do Adolescente, estabelece, em seu art. 202:

> *Art. 202. Nos processos e procedimentos em que não for parte, atuará obrigatoriamente o Ministério Público na defesa dos direitos e interesses de que cuida esta Lei, hipótese em que terá vista dos autos depois das partes, podendo juntar documentos e requerer diligências, usando os recursos cabíveis.*

Mais adiante, o art. 204 do referido Estatuto preceitua que a falta de intervenção do Ministério Público acarreta a nulidade do feito, que será declarada de ofício pelo juiz ou a requerimento de qualquer interessado.

O art. 246 do Código de Processo Civil também alerta que será nulo o processo, quando o Ministério Público não for intimado a acompanhar o feito em que deva intervir.

Assim sendo, a existência de representante legal dos menores, assistido por advogado regularmente constituído nos autos, não constitui óbice para que o Órgão Ministerial intervenha no processo, como fiscal da lei, na tutela dos interesses dos menores.

Cumpre ressaltar mais uma vez que o art. 793 da CLT vem disciplinar a representação do menor de 18 anos para fins de ajuizamento de reclamação trabalhista, não afastando, portanto, a legitimidade do Ministério Público do Trabalho para atuar no feito na condição de fiscal da lei (*custos legis*).

Outra importante hipótese na qual o interesse público primário decorreria da qualidade da parte é a prevista no art. 83, inciso XIII, da Lei Complementar nº 75/1993, atribuindo ao Ministério Público do Trabalho a intervenção obrigatória em todos os feitos no segundo e terceiro grau de jurisdição da Justiça do Trabalho, quando a parte for pessoa jurídica de Direito Público, Estado estrangeiro ou organismo internacional.

Registre-se que a obrigatoriedade da intervenção, neste caso, se restringe ao segundo e terceiro grau de jurisdição. No entanto, nada impede que a atuação do Ministério Público se faça presente a partir do primeiro grau de jurisdição, desde que a natureza da lide justifique a sua intervenção.

Quando a lei dispõe ser obrigatória a intervenção do *Parquet*, entendemos que o interesse público se presume existente, o que implicaria a emissão de parecer circunstanciado pelo respectivo membro ao qual tenha sido distribuído o feito.

Todavia, não é este o entendimento esposado na Orientação nº 04 da Câmara de Coordenação e Revisão do Ministério Público do Trabalho, ao dispor que

> É possível interpretar sistematicamente o art. 83, XIII, da LC 75/93, considerados os princípios da unidade e da independência funcional, visando atingir a máxima qualidade do parecer, no sentido de que a intervenção obrigatória diz respeito à remessa dos processos judiciais em que forem parte pessoa jurídica de direito público, Estado estrangeiro ou organismo internacional para a distribuição e exame da existência do interesse público que, uma vez verificado ensejará parecer obrigatório.

Desse modo, de acordo com a orientação supramencionada, a intervenção obrigatória implica a necessária remessa dos autos ao Ministério Público do Trabalho, ficando dentro da esfera da discricionariedade e da independência funcional do membro a verificação da existência ou não de interesse público que justifique a emissão de parecer circunstanciado.

As ações de competência originária dos Tribunais Trabalhistas também ensejam a intervenção *custos legis* do Ministério Público, como nos casos de mandado de segurança, ação rescisória, ação anulatória de cláusula de instrumento coletivo e dissídio coletivo.

De acordo com o art. 83, inciso VII, da Lei Complementar nº 75/1993, ao Ministério Público do Trabalho cabe funcionar, nas sessões dos Tribunais Trabalhistas (atuação interveniente), manifestando-se verbalmente sobre a matéria em debate, sempre que entender necessário, sendo-lhe assegurado o direito de vista dos processos em julgamento, podendo solicitar as requisições e diligências que julgar convenientes.

Na esfera coletiva, o inciso IX deste mesmo artigo assegura ao *Parquet*

> *promover ou participar da instrução e conciliação em dissídios decorrentes da paralisação de serviços de qualquer natureza, oficiando obrigatoriamente nos processos, manifestando sua concordância ou discordância, em eventuais acordos firmados antes da homologação, resguardado o direito de recorrer em caso de violação à lei e à Constituição Federal.*

A ampliação da competência da Justiça do Trabalho promovida pela Emenda Constitucional nº 45/2004 acarretou, por conseqüência, um acréscimo dos casos de intervenção *custos legis* do Ministério Público do Trabalho, notadamente em razão da natureza das respectivas lides.

Usualmente, está sendo uma realidade dos membros que atuam nos Núcleos de Atividade Interveniente da Procuradoria Regional do Trabalho da 1ª Região a intervenção em processos que tenham sido instaurados em razão de:

a) ações que envolvam exercício do direito de greve (CF/1988, art. 114, II);
b) ações sobre representação sindical, entre sindicatos, entre sindicatos e trabalhadores, e entre sindicatos e empregadores (CF/1988, art. 114, III);
c) mandados de segurança, *habeas corpus* e *habeas data*, quando o ato questionado envolver matéria sujeita à sua jurisdição (CF/1988, art. 114, IV);
d) ações de indenização por dano moral ou patrimonial, decorrentes da relação de trabalho (CF/1988, art. 114, VI);
e) ações relativas às penalidades administrativas impostas aos empregadores pelos órgãos de fiscalização das relações de trabalho (CF/1988, art. 114, VII).

A título ilustrativo, colacionamos abaixo a relação de hipóteses específicas de intervenção do Ministério Público do Trabalho, determinantes da remessa dos autos, para exame e manifestação, como "fiscal da lei", em segundo grau de jurisdição, que vem sendo adotada pelos membros que atuam no respectivo núcleo da Procuradoria Regional do Trabalho da 1ª Região:

> "Relação de hipóteses específicas de intervenção do Ministério Público do Trabalho, determinantes da remessa dos autos para exame e manifestação, como 'Fiscal da Lei' (permissivo legal: inciso II do art. 83 da Lei Complementar nº 75/1993, sem embargo do disposto no inciso XII do mesmo artigo, bem assim no inciso III do art. 85 do Regimento Interno do Egrégio Tribunal Regional do Trabalho da Primeira Região)
>
> 1. Processos dos quais sejam partes pessoas jurídicas de Direito Público (inclusive fundações públicas e autarquias, mesmo as profissionalizantes, exceto a Ordem dos Advogados do Brasil (ADIn nº 1.717-6-6-DF, em 07/11/2002), Estados estrangeiros (inclusive Consulados) e organismos internacionais (Lei Complementar nº 75/1993, art. 83, inciso XIII);
> 2. Processos dos quais seja parte o Instituto Nacional do Seguro Social, ainda que na fase de execução (dispensada a remessa apenas daqueles em que a Autarquia ou a própria UNIÃO pretenda, como terceira interessada, preservar a incidência de contribuições previdenciárias sobre créditos judicialmente constituídos);
> 3. Processos que envolvam interesses de incapazes;
> 4. Processos em que se discuta a ocorrência de discriminação ou qualquer prática atentatória à dignidade da pessoa humana do trabalhador, quando o dano tiver projeção coletiva, assim entendido aquele que decorre de postura adotada pelo empregador em relação à generalidade dos empregados ou a parcela considerável destes (como, por exemplo, revistas íntimas);
> 5. Processos em que se discuta a ocorrência de discriminação ou de qualquer prática atentatória à dignidade de idosos, crianças, adolescentes ou pessoas com deficiência, quando a tais condições diretamente relacionadas (Lei nº 9.029/1995; arts. 26 a 28, 75, 77 e 90 da Lei nº 10.741/2003; art. 5º da Lei nº 7.853/1989; Lei nº 8.069/1990; Lei nº 10.224/2001; Lei nº 10.803/2003);
> 6. Ações civis públicas ou ações civis coletivas, e respectivas ações cautelares, propostas por entidades sindicais (dispensada a remessa das ajuizadas pelo próprio Ministério Público do Trabalho, por força da interpretação, a *contrario sensu*, do § 1º do art. 5º da Lei nº 7.347/1985);
> 7. Processos em que sindicatos, federações ou confederações sindicais estejam promovendo, na condição de substitutos processuais, a defesa de direitos e/ou interesses difusos, coletivos ou individuais homogêneos, inclusive os relativos a ações de cumprimento de cláusulas de sentenças normativas, convenções coletivas ou acordos coletivos (dispensada a remessa de processos em que estejam reivindicando, com fulcro nos referidos instrumentos normativos, direitos dos quais elas mesmas sejam titulares, como, por exemplo, descontos assistenciais e contribuições confederativas);

8. Processos em que o Ministério Público tenha atuado em Primeiro Grau de Jurisdição, agindo na defesa de interesses de incapazes;
9. Processos em que o Ministério Público tenha atuado como *custos legis* em Primeiro Grau de Jurisdição, emitindo parecer ou interpondo recurso;
10. Processos dos quais sejam partes empresas públicas e sociedades de economia mista, porquanto integrantes da Administração Pública Indireta, nos quais se discutam as seguintes matérias:
a) admissão sem concurso público, nulidade e conseqüências – art. 37, inciso II e § 2º, da Constituição da República/88;
b) efeitos da aposentadoria sobre o contrato de trabalho;
c) equiparação salarial, isonomia ou reenquadramento, quando do reconhecimento do pretendido direito puder resultar alteração de cargo (ascensão funcional), em detrimento da exigência constitucional do concurso público, que o Excelso Supremo Tribunal Federal considera extensível a provimentos derivados [dispensada a remessa dos processos em que são postuladas meras promoções (sem alteração de cargo), independentemente de qual seja a fonte formal do suposto direito];
d) pedido de reintegração ao emprego, seja qual for a causa de pedir;
e) anistia, seja qual for a causa de pedir;
f) teto salarial, em decorrência de normas constitucionais.
11. Processos dos quais seja parte a INFRAERO, além das hipóteses referidas no item 10, quando a União Federal já estiver intervindo como terceira interessada (art. 10 da Lei nº 5.862, de 12/12/1972, e art. 7º da Lei nº 9.469/1997, c/c inciso XIII do art. 83 da LC nº 75/1993);
12. Processos dos quais seja parte a ENGEPROM, além das hipóteses referidas no item 10, quando a União Federal já estiver intervindo como terceira interessada (art. 12 da Lei nº 7.000/1982 e art. 7º da Lei nº 9.469/1997, c/c inciso XIII do art. 83 da LC nº 75/1993);
13. Processos dos quais seja parte a Empresa Brasileira de Correios e Telégrafos (ECT) ou qualquer outra empresa pública, além das hipóteses referidas no item 10, sempre que for discutida em defesa, recurso ou contra-razões sua equiparação à Fazenda Pública (art. 12 do Decreto-lei nº 509/1969 e Precedente STF-Plenário, RE 220906/DF, de 16/11/2000);
14. Processos relativos a ações que envolvam o exercício do direito de greve, na forma do inciso II do art. 114 da Constituição da República/88;
15. Processos relativos a ações sobre representação sindical, entre sindicatos, entre sindicatos e trabalhadores e entre sindicatos e empregadores, na forma do inciso III do art. 114 da Constituição da República/88;
16. Outros processos em que o Desembargador Relator entenda deva solicitar o exame do Ministério Público para aferição do interesse público determinante, ou não, da intervenção".

Por fim, quanto à legitimidade para interposição de recurso na esfera trabalhista, o art. 83, inciso VI, da Lei Complementar nº 75/1993 assegura ao Ministério Público do Trabalho legitimidade para recorrer das decisões da Justiça do Trabalho, quando entender necessário, tanto nos processos em que for parte como naqueles em que oficiar como fiscal da lei, bem como pedir revisão dos Enunciados da Súmula de Jurisprudência do Tribunal Superior do Trabalho.

Dessa forma, na hipótese de a decisão (sentença ou acórdão) ter sido prolatada em desconformidade com a tese esposada pelo *Parquet* em sua manifestação circunstanciada, a lei lhe assegura legitimidade para recorrer, a fim de prosseguir no mister de defensor da ordem jurídica e tutor do interesse público.

5. Atuação do Ministério Público do Trabalho

Esta sucinta e objetiva explanação procurou traçar as diretrizes básicas das principais formas de atuação do Ministério Público do Trabalho.

Não se buscou – o que seria até mesmo um tanto pretensioso – esgotar o estudo de todas as atribuições do *Parquet* na esfera trabalhista, mas percorrer as atividades mais relevantes a serem exercidas junto aos órgãos da Justiça do Trabalho.

Após essas rápidas considerações, a conclusão a que se pode chegar é a de que sempre que estiver exercendo seu *munus* de guardião da ordem jurídica – seja na promoção de interesses, seja nas atividades de órgão agente ou interveniente –, o Ministério Público jamais se despirá da atribuição constitucional de fiscal da lei (CF/1988, art. 127).

Por sua vez, no tocante especificamente à atuação *custos legis*, é a tutela do interesse público primário que norteará a intervenção do Órgão Ministerial, cuja existência poderá advir da natureza da lide ou da qualidade da parte.

Saliente-se, por oportuno, que esse mesmo interesse público primário também restará tutelado nas atividades de promoção de interesses e de órgão agente, posto que o verdadeiro foco de toda atribuição ministerial é a tutela de bens jurídicos que concretizem valores caros à sociedade como um todo.

Daí é que se pode afirmar, sem medo de errar, que Ministério Público forte é sinônimo de sociedade vigilante.

6. Defesa dos Direitos e Garantias Fundamentais

A Constituição da República de 1988 enumera, em seu Título II, os direitos e garantias fundamentais, divididos em cinco capítulos, a saber: os direitos individuais e coletivos, os direitos sociais, os direitos de nacionalidade, os direitos políticos e aqueles relacionados à existência, organização e participação em partidos políticos.

A doutrina constitucionalista classifica os direitos fundamentais em três gerações ou dimensões. A primeira geração engloba os direitos civis e políticos, compreendendo as liberdades clássicas, negativas ou formais. A segunda geração corresponde aos direitos econômicos, sociais e culturais, concernentes às liberdades positivas, reais ou concretas. E, por último, a terceira geração alcança os direitos de titularidade coletiva, inerentes às grandes formações sociais.

Em resumo, na primeira geração encontram-se os direitos de liberdade; na segunda, os direitos de igualdade; e na terceira, aqueles denominados direitos de solidariedade ou fraternidade, como o direito ao meio ambiente equilibrado, ao progresso, à autodeterminação dos povos e à paz.

Com relação à importância da diferenciação existente entre os direitos e garantias fundamentais, reportemo-nos às preciosas lições do ilustre Paulo Bonavides (*Curso de Direito Constitucional*, 12. ed., São Paulo: Malheiros, 2002, p. 482), quando assim expõe:

> A garantia – meio de defesa – se coloca então diante do direito, mas com este não se deve confundir. Ora, esse erro de confundir direitos e garantias, de fazer um sinônimo da outra, tem sido reprovado pela boa doutrina, que separa com nitidez os dois institutos, não incidindo em lapsos dessa ordem, tão freqüentes entre alguns dicionaristas célebres. É o que acontece com o Dicionário da Real Academia Espanhola ao definir as garantias constitucionais como "os direitos que a Constituição de um Estado reconhece a todos os cidadãos". Em idêntica falta incide também, cerca de 40 anos depois, o Novo Dicionário Aurélio da Língua Portuguesa, o léxico de mais fama e autoridade no Brasil, que assim define a garantia constitucional: "direitos e privilégios dos cidadãos conferidos pela Constituição dum país".
>
> Como se vê, ocorre o equívoco sempre que a garantia é posta numa acepção em conexidade direta com o instrumento de organização do Estado que é a Constituição. Demais, se aceitássemos a confusão, nunca lograríamos tampouco um conceito preciso e útil do que seja uma garantia constitucional. Esse caminho conduziria sem dúvida ao obscurecimento de uma das noções mais valiosas para o entendimento da progressão valorativa do Estado liberal em sua passagem para o Estado social, conforme adiante intentaremos demonstrar.

Para Rui Barbosa (*A Constituição e os Atos Institucionais*, 2. ed., Rio de Janeiro, s/d, p. 193/194), esta confusão que se faz entre direitos e garantias se desvia do rigor científico que deve prevalecer na exegese dos textos normativos. Para o renomado jurista, direito "*é a faculdade reconhecida, natural, ou legal, de praticar ou não praticar certos atos*". A garantia ou segurança de um direito é "*o requisito de legalidade, que o defende contra a ameaça de certas classes de atentados de ocorrência mais ou menos fácil*".

De acordo com Rui Barbosa, seria preciso separar, no texto da lei fundamental, as disposições meramente declaratórias, que são as que imprimem existência legal aos direitos reconhecidos, e as disposições assecuratórias, que são as que, em defesa dos direitos, limitam o poder. Aquelas instituem direitos; estas, as garantias; ocorrendo não raro juntar-se na mesma disposição constitucional, ou legal, a fixação da garantia com a declaração do direito.

Dentro desse mesmo contexto, Jorge Miranda (*Manual de Direito Constitucional*, v. IV, Direitos Fundamentais, Coimbra, 1988, p. 88/89) esclarece com maestria:

> Clássica e bem atual é a contraposição dos direitos fundamentais, pela sua estrutura, pela sua natureza e pela sua função, em direitos propriamente ditos ou direitos e liberdades, por uma lado, e garantias, por outro lado.
> Os direitos representam só por si certos bens, as garantias destinam-se a assegurar a fruição desses bens; os direitos são principais, as garantias são acessórias e, muitas delas, adjetivas (ainda que possam ser objeto de um regime constitucional substantivo); os direitos permitem a realização das pessoas e inserem-se direta e imediatamente, por isso, nas respectivas esferas jurídicas, as garantias só nelas se projetam pelo nexo que possuem com os direitos; na acepção jusracionalista inicial, os direitos declaram-se, as garantias estabelecem-se.

Dessa forma, enquanto os direitos decorrem de disposições de natureza declaratória, proclamando a existência de bens jurídicos inerentes à pessoa ou à coletividade, as garantias emanam de disposições de caráter assecuratório, com nítido viés instrumental, como meio de possibilitar e/ou preservar o exercício do direito declarado, em face dos demais cidadãos e do próprio Estado. Como exemplos clássicos destas últimas, podemos citar o mandado de injunção, o mandado de segurança individual e coletivo, a ação popular, o *habeas corpus* e o *habeas data*.

Na seara trabalhista, o Ministério Público do Trabalho tem por função institucional a defesa da ordem jurídica e dos interesses sociais e direitos individuais indisponíveis (CF/1988, art. 127), notadamente aqueles diretamente relacionados à personalidade, e à própria dignidade da pessoa humana do trabalhador.

A seguir, explicitaremos alguns direitos fundamentais cuja tutela reivindica atuação institucional do *Parquet*, na órbita do Direito do Trabalho, visando à proteção de efetivos direitos de personalidade, indisponíveis pela sua própria essência. Frise-se que, na verdade, esses direitos são inerentes ao próprio cidadão brasileiro, precedendo à condição de trabalhador ou empregado.

6.1. Tutela do Direito de Igualdade ou da Não-Discriminação

O art. 5º, *caput*, da Constituição da República assegura a igualdade de todos perante a lei, sem distinção de qualquer natureza, garantindo-se aos estrangeiros residentes no país a inviolabilidade do direito à vida, à liberdade, à segurança e à propriedade.

O inciso I do art. 5º do Texto Constitucional estabelece, por sua vez, a igualdade de gênero, quando preceitua que homens e mulheres são iguais em direitos e obrigações.

O mesmo art. 5º, inciso XLI, dispõe, expressamente, que a lei punirá qualquer discriminação atentatória dos direitos e liberdades fundamentais.

Por sua vez, em se tratando de matéria trabalhista, o art. 7º, inciso XXX, do ordenamento constitucional proíbe a diferença de salários, de exercício de funções e de critério de admissão por motivo de sexo, idade, cor ou estado civil.

Segue o inciso XXXI do referido art. 7º proibindo também a diferença de salários, de exercício de funções e de critério de admissão por motivo de sexo, idade, cor ou estado civil.

Em resumo, o princípio da igualdade ou da não-discriminação consiste em uma das bases do Estado Democrático de Direito.

6.2. Tutela do Direito de Liberdade

A Constituição da República assegura, outrossim, aos cidadãos brasileiros e estrangeiros residentes no país a inviolabilidade do direito à liberdade (CF/1988, art. 5º, *caput*).

Por sua vez, o art. 5º, inciso III, da Carta Magna estabelece que ninguém será submetido a tortura nem a tratamento desumano ou degradante.

O inciso XIII deste mesmo art. 5º preceitua ser livre o exercício de qualquer trabalho, ofício ou profissão, desde que atendidas as qualificações profissionais que a lei estabelecer.

No entanto, atualmente, constata-se a existência de métodos de exploração do trabalho humano que atentam contra esta liberdade, atingindo não somente os direitos de locomoção e de autodeterminação, mas também e, principalmente, a própria dignidade da pessoa humana do trabalhador, além dos valores sociais do trabalho e da cidadania, os quais constituem fundamentos na República Federativa do Brasil (CF/1988, art. 1º, incisos II, III e IV). Trata-se da chamada "*escravidão moderna*" ou "*formas contemporâneas de escravidão*".

Dentro deste novo contexto de configuração de trabalho escravo, cujo principal bem jurídico a ser tutelado é a própria dignidade da pessoa humana do trabalhador, podem ser destacadas como espécies o trabalho forçado ou obrigatório e o trabalho degradante.

A norma prevista no art. 149 do Código Penal, com a nova redação dada pela Lei nº 10.803/2003, referente ao crime de redução à condição análoga à de escravo, vem contribuir para a efetiva ampliação do conceito de trabalho escravo contemporâneo, nos moldes acima expostos.

6.3. Tutela do Direito de Vida e de Segurança

Segundo a previsão contida no art. 225, *caput*, da Constituição da República, todos têm direito ao meio ambiente ecologicamente equilibrado, bem de uso comum do povo e essencial à sadia qualidade de vida, impondo-se ao Poder Público e à coletividade o dever de defendê-lo e preservá-lo para as presentes e futuras gerações.

Trata-se de direito fundamental de terceira geração ou dimensão, incluído no rol dos denominados "*direitos de solidariedade*", que alcança toda a coletividade interessada, de nítido conteúdo difuso.

O conceito de meio ambiente encontra-se previsto no art. 3º, inciso I, da Lei nº 6.938/1981 (Lei de Política Nacional do Meio Ambiente), *in verbis*:

> *Art. 3º Para os fins previstos nesta Lei, entende-se por:*
>
> *I – meio ambiente, o conjunto de condições, leis, influências e interações de ordem física, química e biológica, que permite, abriga e rege a vida em todas as suas formas; (...)*

O meio ambiente de trabalho insere-se no contexto do meio ambiente como um todo, o qual integra o rol dos direitos fundamentais, tendo por objetivo o respeito à dignidade da pessoa humana (CF/1988, art. 1º, III).

O Texto Constitucional faz menção expressa ao meio ambiente de trabalho, quando dispõe sobre as atribuições do sistema único de saúde, em seu art. 200, inciso VIII:

> *Art. 200. Ao sistema único de saúde compete, além de outras atribuições, nos termos da lei:*
>
> *(...)*
>
> *VIII – colaborar na proteção do meio ambiente,* ***nele compreendido o do trabalho*** *(sem grifo no original).*

Saliente-se, ainda, que importantes direitos trabalhistas diretamente relacionados à segurança e medicina do trabalho integram o rol de direitos sociais, os quais figuram como direitos humanos fundamentais de segunda geração ou dimensão (direitos sociais).

O art. 7º, inciso XXII, da Constituição da República assegura aos trabalhadores urbanos e rurais a redução dos riscos inerentes ao trabalho, por meio de normas de saúde, higiene e segurança.

O inciso XXIII do mesmo art. 7º prevê adicional de remuneração para as atividades penosas, insalubres ou perigosas, na forma da lei.

No plano infraconstitucional, em matéria de saúde e segurança do trabalho, o art. 157, incisos I a IV, da CLT, estabelece os deveres do empregador:

> *I – cumprir e fazer cumprir as normas de segurança e medicina do trabalho;*
>
> *II – instruir os empregados, através de ordens de serviço, quanto às precauções a tomar no sentido de evitar acidentes do trabalho ou doenças ocupacionais;*

III – adotar as medidas que lhes sejam determinadas pelo órgão regional competente; e

IV – facilitar o exercício da fiscalização pela autoridade competente.

Os deveres do empregado estão arrolados no art. 158, incisos I e II, da CLT: "*I – observar as normas de segurança e medicina do trabalho, inclusive as instruções de que trata o item II do artigo anterior; e II – colaborar com a empresa na aplicação dos dispositivos deste Capítulo*".

A recusa injustificada do empregado à observância das instruções expedidas pelo empregador quanto às precauções a tomar no sentido de evitar acidentes do trabalho ou doenças ocupacionais e ao uso dos equipamentos de proteção individual fornecidos pela empresa constitui ato faltoso do empregado, acarretando, dessa forma, a resolução do contrato de trabalho por culpa do obreiro, nos termos do art. 158, parágrafo único, alíneas "a" e "b", da CLT.

A empresa é obrigada a fornecer aos empregados, gratuitamente, equipamento de proteção individual adequado ao risco e em perfeito estado de conservação e funcionamento, sempre que as medidas de ordem geral não ofereçam completa proteção contra os riscos de acidentes e danos à saúde dos empregados (art. 166 da CLT).

Todavia, o meio de ambiente de trabalho não é somente constituído de condições e influências de ordem física, química e biológica. Ou seja, não se resume à estrita prevenção do ambiente físico de trabalho, mas também à integridade psíquica do trabalhador.

E, atualmente, o assédio moral é um destes fenômenos, de ordem psicossocial, tendente a causar constrangimentos ao trabalhador, alijando-o dentro do contexto do ambiente laboral, atingindo a sua integridade física e psíquica.

6.3.1. Assédio Moral

A República Federativa do Brasil, enquanto Estado Democrático de Direito, fundamenta-se na dignidade da pessoa humana e nos valores sociais do trabalho e da livre iniciativa (CF/1988, art. 1º, III e IV).

E, como sói acontecer com toda a economia de mercado, torna-se cada vez mais incessante a busca pelo aprimoramento da produção, pelo aumento da produtividade e pela ampliação da fonte de consumo.

Neste contexto socioeconômico, não é rara a adoção de métodos de trabalho que implicam dissimulada violência à dignidade da pessoa humana do trabalhador, cujos prejuízos decorrentes não se limitam à individualidade atingida. É o que acontece com a prática do assédio moral no meio ambiente de trabalho.

O assédio moral no trabalho, também conhecido como coação moral, psicoterror laboral ou *mobbing*, consiste em comportamento arbitrário que tende a acarretar dano à personalidade, à dignidade ou à integridade física ou psíquica do trabalhador, ocasionando a degradação do meio ambiente de trabalho.

Trata-se de conduta abusiva, de natureza psicológica, que atenta contra a dignidade psíquica do trabalhador, de forma reiterada, tendo por efeito a sensação de exclusão do ambiente e do convívio social. Ocorre geralmente nas relações hierárquicas autoritárias, com predominância de condutas negativas, relações desumanas e aética, durante longo tempo, dirigidas ao subordinado, com o intuito de desestabilizar a relação da vítima com o ambiente de trabalho.

Exterioriza-se através de atos intimidatórios ou insultuosos que visam a provocar, na vítima, medos ou humilhações capazes de minar sua autoconfiança e isolá-la do meio de trabalho.

Segundo a melhor doutrina, são características do assédio moral: a) a abusividade da conduta; b) a natureza psicológica do atentado à dignidade psíquica do indivíduo; c) a reiteração da conduta; d) a finalidade de exclusão. Para alguns autores, acrescer-se-ia a existência de efetivo dano psíquico-emocional, o que entendemos não constituir elemento de caracterização, mas, sim, da responsabilidade civil decorrente de tal conduta.

Nas relações de trabalho, o assédio moral se concretiza pela exposição dos trabalhadores a situações humilhantes, vexatórias, repetitivas e prolongadas durante a jornada de trabalho.

As constantes humilhações, a exposição do trabalhador ao ridículo, a supervisão excessiva, as críticas cegas, o empobrecimento das tarefas, a sonegação de informações indispensáveis à realização do trabalho, a exigência de prazos exíguos e insuficientes ao cumprimento de tarefas, as repetidas perseguições são caracteres dessa prática odiosa.

O fenômeno do assédio moral deteriora o meio ambiente de trabalho, acarretando a queda de produtividade e a ocorrência de acidentes e doenças ocupacionais. Traz sérios prejuízos ao próprio empreendimento, na forma de longas ausências decorrentes de afastamentos e pagamento de indenizações a título de danos morais e materiais, cuja competência para julgamento da Justiça do Trabalho já resta plenamente pacificada pela Suprema Corte.

O terror psicológico provoca na vítima danos emocionais e doenças psicossomáticas, como alterações do sono, distúrbios alimentares, diminuição da libido, aumento da pressão arterial, desânimo, insegurança, entre outros, podendo acarretar quadros de pânico e depressão, ou até mesmo levar à morte ou ao suicídio.

O assédio moral caracteriza-se pela freqüência e intencionalidade da conduta, não se confundindo com desentendimentos isolados no ambiente de trabalho ou a prática de supervisão criteriosa.

O agressor pode ser o empregador, chefe ou preposto (assédio vertical descendente), o(s) colega(s) de trabalho (assédio horizontal) ou o grupo de subordinados (assédio vertical ascendente). Já o assédio moral misto exige a presença de pelo menos três sujeitos: o assediador vertical, o assediador horizontal e a vítima.

O psicoterror laboral pode acarretar a rescisão indireta do contrato de trabalho, com base no art. 483, alínea "e", da CLT ("*praticar o empregador ou seus prepostos, contra ele ou pessoas de sua família, ato lesivo da honra e boa fama*"), que consiste em resolução unilateral do contrato por culpa do empregador. Isso sem falar na real possibilidade de ser deferido em juízo o pagamento de indenização por danos morais e materiais decorrentes dessa prática.

No assédio moral praticado por empregado contra colega de trabalho, a hipótese é, visivelmente, de justa causa para a resolução do contrato de trabalho, com fundamento no art. 482, alínea "j", da CLT ("*ato lesivo da honra ou da boa fama praticado no serviço contra qualquer pessoa, ou ofensas físicas, nas mesmas condições, salvo em legítima defesa, própria ou de outrem*").

Frise-se, ainda, que a responsabilidade civil do empregador por ato causado por empregado, no exercício do trabalho que lhe competir, ou em razão dele, deixou de ser uma hipótese de responsabilidade civil subjetiva com presunção de culpa (Súmula 341 do E. STF) para se transformar em hipótese legal de responsabilidade civil objetiva (art. 932, inciso III, do Código Civil).

Em resumo, basta a efetiva comprovação da existência de nexo de causalidade entre a conduta de seu preposto e o dano produzido à vítima para que se verifique a responsabilidade do empregador, independentemente de culpa.

O assédio moral, como qualquer outra conduta lesiva ao meio ambiente de trabalho e à dignidade do trabalhador, reivindica a atuação do Ministério Público do Trabalho, seja na condição de órgão agente ou interveniente (*custos legis*), seja na promoção de interesses, a fim de que exerça a sua função de defensor da ordem jurídica e dos interesses sociais e direitos individuais indisponíveis (CF/1988, art. 127).

XVI INQUÉRITO CIVIL

Este tema foi abordado na prova subjetiva do seguinte concurso público do Ministério Público do Trabalho:

O Ministério Público do Trabalho, diante de determinada denúncia anônima, instaura inquérito civil e, logo, inicia a coleta de provas sobre a situação investigada. São obtidos elementos como, por exemplo, o depoimento do investigado, testemunhos, laudos técnicos requisitados e assim por diante. Ao final, tendo em vista ajuizamento de ação civil pública, pergunta-se: as provas obtidas no curso do inquérito civil devem ser repetidas em juízo durante a instrução? Fundamente. (Concurso XII do MPT)

1. Introdução

Preceitua o art. 127, *caput*, da Constituição da República que o Ministério Público é instituição permanente, essencial à função jurisdicional do Estado, incumbindo-lhe a defesa da ordem jurídica, do regime democrático e dos interesses sociais e individuais indisponíveis.

E para melhor desempenhar estas suas funções institucionais, um dos principais instrumentos de atuação conferido ao membro do Ministério Público é o inquérito civil.

Ao contrário do que resta previsto no inciso III do art. 129 do Texto Constitucional, a promoção do inquérito civil, assim como da própria ação civil pública, não consiste em função institucional do *Parquet*, mas importante mecanismo da engrenagem utilizada pelo referido órgão ministerial na proteção do patrimônio público e social, do meio ambiente e de outros interesses difusos e coletivos.

O presente estudo se presta a tecer breves, mas importantes comentários, sobre este importante instrumento investigatório à disposição do Ministério Público que, se não é o único, é, por certo, o principal procedimento a ser utilizado no cumprimento de suas funções institucionais.

2. Origem

Podemos dizer que, certamente, antes do advento da Lei nº 7.347/1985, não havia um procedimento investigatório prévio e formalmente previsto em lei para que o membro do Ministério Público pudesse promover a coleta das informações e dados técnicos necessários à formação do seu convencimento sobre a existência ou não de lesão a direitos difusos, coletivos ou individuais homogêneos, a serem tutelados por meio das chamadas ações civis coletivas.

Assim sendo, o inquérito civil foi instituído pelo diploma legal acima citado, também conhecido como Lei da Ação Civil Pública, estabelecendo no § 1º do seu art. 8º que o Ministério Público poderá instaurar, sob sua presidência, inquérito civil, ou requisitar, de qualquer organismo público ou particular, certidões, informações, exames ou perícias, no prazo que assinalar, o qual não poderá ser inferior a 10 (dez) dias úteis.

É importante frisar, contudo, que, com relação ao prazo para cumprimento das requisições formuladas pelo Ministério Público do Trabalho, aplicável se faz o disposto no § 5º do art. 8º da Lei Complementar nº 75/1993 (Lei Orgânica do Ministério Público da União), quando dispõe que estas serão feitas fixando-se prazo razoável de até dez dias úteis para atendimento, prorrogável mediante solicitação justificada.

Por sua vez, é indene de dúvida de que a criação do inquérito civil (arts. 8º e 9º da Lei nº 7.347/1985), como procedimento de investigação de caráter administrativo, presidido por membro do Ministério Público, que se destina à coleta de elementos de convicção com vistas à identificação ou não de hipótese autorizadora da propositura de ação civil pública (lesão ou ameaça de lesão a interesses ou direitos metaindividuais), teve forte inspiração no inquérito policial.

Não obstante o fato de a instituição do inquérito civil ter tido como fonte de inspiração o inquérito policial, bastantes claras, contudo, são as diferenças existentes entre estes dois procedimentos investigatórios.

Enquanto o inquérito policial encontra-se regulamentado nos arts. 4º e seguintes do Código de Processo Penal, o inquérito civil é disciplinado nos arts. 8º e 9º da Lei nº 7.347/1985.

O inquérito policial tem por objeto a investigação da autoria e materialidade de um fato criminalmente tipificado, com vistas à propositura da ação penal; o inquérito civil tem por finalidade a investigação da autoria e materialidade de lesão ou ameaça de lesão a direitos metaindividuais, com vistas à propositura da ação civil pública.

Quem preside o inquérito policial é a autoridade policial, sendo exercida a presidência do inquérito civil por membro do Ministério Público.

Por fim, o arquivamento do inquérito policial é requerido pelo Ministério Público ao Poder Judiciário, com possibilidade de reexame unipessoal pelo Procurador-

Geral. O controle de arquivamento do inquérito civil é processado por órgão colegiado integrante da própria estrutura do Ministério Público (art. 10, § 1º, da Resolução nº 69/2007 do CSMPT).

Muito embora o inquérito civil seja o principal procedimento de natureza investigatória utilizado pelo Ministério Público, não é o único. Basta verificar o que dispõem os arts. 129, inciso VI, da Constituição da República ("*expedir notificações* ***nos procedimentos administrativos*** *de sua competência, requisitando informações e documentos para instruí-los, na forma da lei complementar respectiva*"); 84, inciso II, da Lei Complementar nº 75/1993 ("*instaurar inquérito civil e* ***outros procedimentos administrativos****, sempre que cabíveis, para assegurar a observância dos direitos sociais dos trabalhadores*") e 26, inciso I, da Lei nº 8.625/1993 ("*instaurar inquéritos civis e* ***outras medidas e procedimentos administrativos pertinentes***").

É muito comum que, em lugar do inquérito civil, o membro do *Parquet* opte pela instauração de um procedimento investigatório prévio, como o conhecido "*Procedimento Preparatório de Inquérito Civil*", para que, no bojo deste, possam ser colhidas maiores evidências e/ou indícios acerca do objeto da denúncia, com vistas a, posteriormente, e se for o caso, decidir pela promoção do inquérito civil.

Há de ser presumido que a instauração do inquérito civil tenha decorrido de exercício responsável por parte do órgão ministerial. Isso porque, se for processada a instauração sem justa causa do inquérito civil, esta poderá ser impugnada pela via da ação de segurança.

Em caso de dúvidas acerca da presença da justa causa para instauração do respectivo inquérito civil, nada impede que o Ministério Público promova diligências investigatórias preliminares. Contudo, se a investigação for mais complexa e prolongada, o inquérito civil então será o instrumento mais adequado para realizá-la.

É dentro desse mesmo contexto que vêm sendo instaurados procedimentos preparatórios, que consistem em verdadeiras investigações preliminares ao inquérito civil.

Se é certo que o inquérito civil não é o único procedimento investigatório utilizado pelo Ministério Público, também o é que somente o órgão ministerial pode promover a instauração do inquérito civil.

3. Conceito e Natureza Jurídica

De acordo com o ilustre jurista Hugo Nigro Mazzilli: "*O inquérito civil é uma investigação administrativa prévia, presidida pelo Ministério Público, que se destina basicamente a colher elementos de convicção para que o próprio órgão ministerial possa identificar se ocorre circunstância que enseje eventual propositura de ação civil pública*" (*O Inquérito Civil*, 2. ed., São Paulo: Saraiva, p. 53).

Assim, pois, o inquérito civil é um procedimento administrativo de natureza inquisitorial, prévio e formalmente previsto em lei, presidido por membro do Ministério Público, que se destina à coleta de elementos de convicção acerca da ocorrência de lesão ou ameaça de lesão a interesses e direitos metaindividuais (difusos, coletivos e individuais homogêneos), com vistas à propositura de ação civil pública.

Por sua vez, o inquérito civil é instrumento de investigação exclusivo do Ministério Público (art. 8º, § 1º, da Lei nº 7.347/1985), não obstante a legitimidade concorrente e disjuntiva para ajuizamento de ação civil pública (art. 5º da Lei nº 7.347/1985).

Quanto à terminologia a ser adotada, não há falar em "inquérito civil público", mas somente em "inquérito civil", posto não existir a figura do "inquérito civil privado".

Extrai-se da própria definição de inquérito civil que não se trata de processo, mas de procedimento administrativo. Isso se explica pelo simples fato de que, em sede de inquérito civil, não há acusação (inexiste a posição de "acusado" ou "réu", mas de mero "investigado" ou "inquirido"), não se aplicam penalidades ou sanções e não se decidem interesses.

A finalidade do inquérito civil é a coleta de elementos ou informações, com vistas à formação do convencimento do órgão ministerial acerca da eventual propositura de ação civil pública ou coletiva.

Por se tratar de mero procedimento administrativo, e não de processo, o inquérito civil possui natureza inquisitorial, ou seja, não se submete aos princípios da ampla defesa e do contraditório, previstos no inciso LV do art. 5º da Constituição da República.

Preceitua o referido dispositivo constitucional ser assegurado aos litigantes, em processo judicial ou administrativo, e aos acusados em geral, o contraditório e a ampla defesa, com os meios e recursos a ela inerentes.

Não possuindo o inquérito civil a natureza de processo judicial, e tampouco de processo administrativo, não há falar em ofensa ao contraditório e à ampla defesa durante a sua fase instrutória. Se não há réu ou acusado e se não tem por finalidade a aplicação de sanções ou penalidades e a decisão sobre interesses em conflito, não subsiste a idéia de apresentação de defesa por parte do inquirido.

Reprise-se que o objetivo precípuo do inquérito civil é formar o convencimento do membro do Ministério Público sobre a existência ou não de lesão a direitos ou interesses metaindividuais e, se for o caso, promover a instrução da ação civil pública a ser ajuizada.

É claro que sempre que possível é assegurada ao investigado a apresentação de esclarecimentos sobre os fatos denunciados, para que o órgão ministerial possa, em cotejo com as informações e documentos constantes nos autos do inquérito, firmar posição sobre a materialidade e a autoria da lesão noticiada.

Alguns doutrinadores asseguram ao inquérito civil a natureza de processo administrativo em sentido lato. Nesse sentido, esposa o eminente jurista José dos Santos Carvalho Filho (*Ação civil pública*, 3. ed., Rio de Janeiro: Lumen Juris, 2001, p. 242):

> O inquérito civil é um procedimento administrativo de colheita de elementos probatórios necessários à propositura da ação civil pública. Também não estaria incorreto atribuir-lhe a qualificação de processo administrativo. Sem embargo de haver críticas à expressão, pelo fato de considerar-se o processo como instrumento da função jurisdicional, e não da administrativa, o certo é que está ela consagrada entre autores e tribunais. Parece-nos também que pouca preocupação deve causar o rótulo do instituto; de relevo é realmente a sua essência. Na medida em que se tenha ciência da função nele exercida – a função administrativa – nada impede seja o inquérito civil qualificado como processo administrativo.

Contudo, comungando com as lições de Hugo Nigro Mazzilli (*op. cit.*, p. 56/57), o fato de se atribuir ao inquérito civil a natureza jurídica de mero procedimento não obsta, a nosso ver, que, em sentido lato, seja considerado processo administrativo, inclusive para fins penais, como no caso do crime de falso testemunho.

4. Fases do Inquérito Civil

A instauração do inquérito civil dar-se-á por meio de portaria devidamente assinada pelo membro do Ministério Público que irá presidi-lo, devendo ser autuado e registrado em livro próprio ou em sistema informatizado de controle.

A portaria, numerada em ordem crescente, deverá conter sucintamente o nome e a qualificação do denunciante ou a origem da notícia de lesão e do inquirido, bem como os fatos que ensejam o inquérito civil e o fundamento legal da irregularidade do ato ou prática representados ou noticiados.

A Resolução nº 28, de 27 de maio de 1997, do Conselho Superior do Ministério Público do Trabalho dispunha nestes exatos termos sobre a instauração e autuação dos inquéritos civis e procedimentos investigatórios no âmbito do Ministério Público do Trabalho.

Apesar da revogação da referida resolução, e em face da lacuna normativa até então existente, sempre se entendeu que tais preceitos, naquilo que ainda fosse compatível com a lei vigente e os princípios institucionais, poderiam ser utilizados como meros parâmetros no cotidiano funcional, até a implementação de nova regulamentação sobre a matéria.

Esta normatização veio, recentemente, com a Resolução nº 23/2007 do Conselho Nacional do Ministério Público, disciplinando, no âmbito do Ministério Público, a instauração e tramitação do inquérito civil, nos seguintes termos:

Capítulo I

Dos Requisitos para Instauração

Art. 1º O inquérito civil, de natureza unilateral e facultativa, será instaurado para apurar fato que possa autorizar a tutela dos interesses ou direitos a cargo do Ministério Público nos termos da legislação aplicável, servindo como preparação para o exercício das atribuições inerentes às suas funções institucionais.

Parágrafo único. O inquérito civil não é condição de procedibilidade para o ajuizamento das ações a cargo do Ministério Público, nem para a realização das demais medidas de sua atribuição própria.

Art. 2º O inquérito civil poderá ser instaurado:

I – de ofício;

II – em face de requerimento ou representação formulada por qualquer pessoa ou comunicação de outro órgão do Ministério Público, ou qualquer autoridade, desde que forneça, por qualquer meio legalmente permitido, informações sobre o fato e seu provável autor, bem como a qualificação mínima que permita sua identificação e localização;

III – por designação do Procurador-Geral de Justiça, do Conselho Superior do Ministério Público, Câmaras de Coordenação e Revisão e demais órgãos superiores da Instituição, nos casos cabíveis.

§ 1º O Ministério Público atuará, independentemente de provocação, em caso de conhecimento, por qualquer forma, de fatos que, em tese, constituam lesão aos interesses ou direitos mencionados no art. 1º desta Resolução, devendo cientificar o membro do Ministério Público que possua atribuição para tomar as providências respectivas, no caso de não a possuir.

§ 2º No caso do inciso II, em sendo as informações verbais, o Ministério Público reduzirá a termo as declarações. Da mesma forma, a falta de formalidade não implica indeferimento do pedido de instauração de inquérito civil, salvo se, desde logo, mostrar-se improcedente a notícia, atendendo-se, na hipótese, o disposto no art. 5º desta Resolução.

§ 3º O conhecimento por manifestação anônima, justificada, não implicará ausência de providências, desde que obedecidos os mesmos requisitos para as representações em geral, constantes no art. 2º, inciso II, desta Resolução.

§ 4º O Ministério Público, de posse de informações previstas nos arts. 6º e 7º da Lei nº 7.347/1985 que possam autorizar a tutela dos interesses ou direitos mencionados no art. 1º desta Resolução, poderá complementá-las antes de instaurar o inquérito civil, visando apurar elementos para identificação dos investigados ou do objeto, instaurando procedimento preparatório.

§ 5º O procedimento preparatório deverá ser autuado com numeração seqüencial à do inquérito civil e registrado em sistema próprio, mantendo-se a numeração quando de eventual conversão.
§ 6º O procedimento preparatório deverá ser concluído no prazo de 90 (noventa) dias, prorrogável por igual prazo, uma única vez, em caso de motivo justificável.
§ 7º Vencido este prazo, o membro do Ministério Público promoverá seu arquivamento, ajuizará a respectiva ação civil pública ou o converterá em inquérito civil.
Art. 3º Caberá ao membro do Ministério Público investido da atribuição para propositura da ação civil pública a responsabilidade pela instauração de inquérito civil.
Parágrafo único. Eventual conflito negativo ou positivo de atribuição será suscitado, fundamentadamente, nos próprios autos ou em petição dirigida ao órgão com atribuição no respectivo ramo, que decidirá a questão no prazo de trinta dias.

Capítulo II
Da Instauração do Inquérito Civil

Art. 4º O inquérito civil será instaurado por portaria, numerada em ordem crescente, renovada anualmente, devidamente registrada em livro próprio e autuada, contendo:
I – o fundamento legal que autoriza a ação do Ministério Público e a descrição do fato objeto do inquérito civil;
II – o nome e a qualificação possível da pessoa jurídica e/ou física a quem o fato é atribuído;
III – o nome e a qualificação possível do autor da representação, se for o caso;
IV – a data e o local da instauração e a determinação de diligências iniciais;
V – a designação do secretário, mediante termo de compromisso, quando couber;
VI – a determinação de afixação da portaria no local de costume, bem como a de remessa de cópia para publicação.
Parágrafo único. Se, no curso do inquérito civil, novos fatos indicarem necessidade de investigação de objeto diverso do que estiver sendo investigado, o membro do Ministério Público poderá aditar a portaria inicial ou determinar a extração de peças para instauração de outro inquérito civil, respeitadas as normas incidentes quanto à divisão de atribuições.

Capítulo III
Do Indeferimento de Requerimento de Instauração do Inquérito Civil

Art. 5º Em caso de evidência de que os fatos narrados na representação não configurem lesão aos interesses ou direitos mencionados no art. 1º desta Resolução ou se o fato já tiver sido objeto de investigação ou de ação civil pública ou se os fatos apresentados já se encontrarem solucionados, o membro do Ministério Público, no prazo máximo de trinta dias, indeferirá o pedido de instauração de inquérito civil, em decisão fundamentada, da qual se dará ciência pessoal ao representante e ao representado.

§ 1º Do indeferimento caberá recurso administrativo, com as respectivas razões, no prazo de 10 (dez) dias.

§ 2º As razões de recurso serão protocoladas junto ao órgão que indeferiu o pedido, devendo ser remetidas, caso não haja reconsideração, no prazo de 3 (três) dias, juntamente com a representação e com a decisão impugnada, ao Conselho Superior do Ministério Público ou à Câmara de Coordenação e Revisão respectiva para apreciação.

§ 3º Do recurso serão notificados os interessados para, querendo, oferecer contra-razões.

§ 4º Expirado o prazo do art. 5º, § 1º, desta Resolução, os autos serão arquivados na própria origem, registrando-se no sistema respectivo, mesmo sem manifestação do representante.

§ 5º Na hipótese de atribuição originária do Procurador-Geral, caberá pedido de reconsideração no prazo e na forma do parágrafo primeiro.

Capítulo IV

Da Instrução

Art. 6º A instrução do inquérito civil será presidida por membro do Ministério Público a quem for conferida essa atribuição, nos termos da lei.

§ 1º O membro do Ministério Público poderá designar servidor do Ministério Público para secretariar o inquérito civil.

§ 2º Para o esclarecimento do fato objeto de investigação, deverão ser colhidas todas as provas permitidas pelo ordenamento jurídico, com a juntada das peças em ordem cronológica de apresentação, devidamente numeradas em ordem crescente.

§ 3º Todas as diligências serão documentadas mediante termo ou auto circunstanciado.

§ 4º As declarações e os depoimentos sob compromisso serão tomados por termo pelo membro do Ministério Público, assinado pelos presentes ou, em caso de recusa, na aposição da assinatura por duas testemunhas.

§ 5º Qualquer pessoa poderá, durante a tramitação do inquérito civil, apresentar ao Ministério Público documentos ou subsídios para melhor apuração dos fatos.

§ 6º Os órgãos da Procuradoria-Geral, em suas respectivas atribuições, prestarão apoio administrativo e operacional para a realização dos atos do inquérito civil.

§ 7º O Ministério Público poderá deprecar diretamente a qualquer órgão de execução a realização de diligências necessárias para a investigação.

§ 8º Os Procuradores-Gerais dos ramos do Ministério Público da União e dos Estados devem encaminhar, no prazo de 10 (dez) dias, os ofícios expedidos pelos membros do Ministério Público ao Presidente da República, Vice-Presidente da República, Governadores de Estado, Senadores, Deputados Federais, Estaduais e Distritais, Ministros de Estado, Ministros de Tribunais Superiores, Conselheiros do Conselho Nacional de Justiça e do Conselho Nacional do Ministério Público, Conselheiros dos Tribunais de Contas,

Desembargadores, Secretários de Estado e chefes de missão diplomática de caráter permanente, não cabendo à chefia institucional a valoração do contido no ofício, podendo deixar de encaminhar aqueles que não contenham os requisitos legais ou não empreguem o tratamento protocolar devido ao destinatário.

§ 9º Todos os ofícios requisitórios de informações ao inquérito civil e ao procedimento preparatório deverão ser fundamentados e acompanhados de cópia da portaria que instaurou o procedimento.

Art. 7º Aplica-se ao inquérito civil o princípio da publicidade dos atos, com exceção dos casos em que haja sigilo legal ou em que a publicidade possa acarretar prejuízo às investigações, casos em que a decretação do sigilo legal deverá ser motivada.

§ 1º Nos requerimentos que objetivam a obtenção de certidões ou extração de cópia de documentos constantes nos autos sobre o inquérito civil, os interessados deverão fazer constar esclarecimentos relativos aos fins e razões do pedido, nos termos da Lei nº 9.051/1995.

§ 2º A publicidade consistirá:

I – na divulgação oficial, com o exclusivo fim de conhecimento público mediante publicação de extratos na imprensa oficial;

II – na divulgação em meios cibernéticos ou eletrônicos, dela devendo constar as portarias de instauração e extratos dos atos de conclusão;

III – na expedição de certidão e na extração de cópias sobre os fatos investigados, mediante requerimento fundamentado e por deferimento do presidente do inquérito civil;

IV – na prestação de informações ao público em geral, a critério do presidente do inquérito civil;

V – na concessão de vistas dos autos, mediante requerimento fundamentado do interessado ou de seu procurador legalmente constituído e por deferimento total ou parcial do presidente do inquérito civil.

§ 3º As despesas decorrentes da extração de cópias correrão por conta de quem as requereu.

§ 4º A restrição à publicidade deverá ser decretada em decisão motivada, para fins do interesse público, e poderá ser, conforme o caso, limitada a determinadas pessoas, provas, informações, dados, períodos ou fases, cessando quando extinta a causa que a motivou.

§ 5º Os documentos resguardados por sigilo legal deverão ser autuados em apenso.

Art. 8º Em cumprimento ao princípio da publicidade das investigações, o membro do Ministério Público poderá prestar informações, inclusive aos meios de comunicação social, a respeito das providências adotadas para apuração de fatos em tese ilícitos, abstendo-se, contudo, de externar ou antecipar juízos de valor a respeito de apurações ainda não concluídas.

Art. 9º O inquérito civil deverá ser concluído no prazo de um ano, prorrogável pelo mesmo prazo e quantas vezes forem necessárias, por decisão fundamentada de seu presidente, à vista da imprescindibilidade da realização ou conclusão de diligências, dando-se ciên-

cia ao Conselho Superior do Ministério Público, à Câmara de Coordenação e Revisão ou à Procuradoria Federal dos Direitos do Cidadão.

Parágrafo único. Cada Ministério Público, no âmbito de sua competência administrativa, poderá estabelecer prazo inferior, bem como limitar a prorrogação mediante ato administrativo do Órgão da Administração Superior competente.

Capítulo V
Do Arquivamento

Art. 10. Esgotadas todas as possibilidades de diligências, o membro do Ministério Público, caso se convença da inexistência de fundamento para a propositura de ação civil pública, promoverá, fundamentadamente, o arquivamento do inquérito civil ou do procedimento preparatório.

§ 1º Os autos do inquérito civil ou do procedimento preparatório, juntamente com a promoção de arquivamento, deverão ser remetidos ao órgão de revisão competente, no prazo de 3 (três) dias, contado da comprovação da efetiva cientificação pessoal dos interessados, através de publicação na imprensa oficial ou da lavratura de termo de afixação de aviso no órgão do Ministério Público, quando não localizados os que devem ser cientificados.

§ 2º A promoção de arquivamento será submetida a exame e deliberação do órgão de revisão competente, na forma do seu Regimento Interno.

§ 3º Até a sessão do Conselho Superior do Ministério Público ou da Câmara de Coordenação e Revisão respectiva, para que seja homologada ou rejeitada a promoção de arquivamento, poderão as pessoas co-legitimadas apresentar razões escritas ou documentos, que serão juntados aos autos do inquérito ou do procedimento preparatório.

§ 4º Deixando o órgão de revisão competente de homologar a promoção de arquivamento, tomará uma das seguintes providências:

I – converterá o julgamento em diligência para a realização de atos imprescindíveis à sua decisão, especificando-os e remetendo ao órgão competente para designar o membro do Ministério Público que irá atuar;

II – deliberará pelo prosseguimento do inquérito civil ou do procedimento preparatório, indicando os fundamentos de fato e de direito de sua decisão, adotando as providências relativas à designação, em qualquer hipótese, de outro membro do Ministério Público para atuação.

§ 5º Será pública a sessão do órgão revisor, salvo no caso de haver sido decretado o sigilo.

Art. 11. Não oficiará nos autos do inquérito civil, do procedimento preparatório ou da ação civil pública o órgão responsável pela promoção de arquivamento não homologado pelo Conselho Superior do Ministério Público ou pela Câmara de Coordenação e Revisão.

Art. 12. O desarquivamento do inquérito civil, diante de novas provas ou para investigar fato novo relevante, poderá ocorrer no prazo máximo de 6 (seis) meses após o ar-

quivamento. Transcorrido esse lapso, será instaurado novo inquérito civil, sem prejuízo das provas já colhidas.

Parágrafo único. O desarquivamento de inquérito civil para a investigação de fato novo, não sendo caso de ajuizamento de ação civil pública, implicará novo arquivamento e remessa ao órgão competente, na forma do art. 10, desta Resolução.

Art. 13. O disposto acerca de arquivamento de inquérito civil ou procedimento preparatório também se aplica à hipótese em que estiver sendo investigado mais de um fato lesivo e a ação civil pública proposta somente se relacionar a um ou a algum deles.

Capítulo VI

Do Compromisso de Ajustamento de Conduta

Art. 14. O Ministério Público poderá firmar compromisso de ajustamento de conduta, nos casos previstos em lei, com o responsável pela ameaça ou lesão aos interesses ou direitos mencionados no art. 1º desta Resolução, visando à reparação do dano, à adequação da conduta às exigências legais ou normativas e, ainda, à compensação e/ou à indenização pelos danos que não possam ser recuperados.

Capítulo VII

Das Recomendações

Art. 15. O Ministério Público, nos autos do inquérito civil ou do procedimento preparatório, poderá expedir recomendações devidamente fundamentadas, visando à melhoria dos serviços públicos e de relevância pública, bem como aos demais interesses, direitos e bens cuja defesa lhe caiba promover.

Parágrafo único. É vedada a expedição de recomendação como medida substitutiva ao compromisso de ajustamento de conduta ou à ação civil pública.

Capítulo VIII

Das Disposições Finais

Art. 16. Cada Ministério Público deverá adequar seus atos normativos referentes a inquérito civil e a procedimento preparatório de investigação cível aos termos da presente Resolução, no prazo de 90 (noventa) dias, a contar de sua entrada em vigor.

Art. 17. Esta Resolução entrará em vigor na data de sua publicação.

Por sua vez, a Resolução nº 69/2007 do Conselho Superior do Ministério Público do Trabalho veio disciplinar, no âmbito do Ministério Público do Trabalho, a instauração e tramitação do inquérito civil, conforme art. 16 da Resolução nº 23, de 17 de setembro de 2007, do Conselho Nacional do Ministério Público, nos seguintes termos:

Capítulo I

Dos Requisitos para Instauração

Art. 1º O inquérito civil, de natureza unilateral e facultativa, será instaurado para apurar fato que possa autorizar a tutela dos interesses ou direitos a cargo do Ministério Público do Trabalho nos termos da legislação aplicável, servindo como preparação para o exercício das atribuições inerentes às suas funções institucionais.

Parágrafo único. O inquérito civil não é condição de procedibilidade para o ajuizamento das ações a cargo do Ministério Público do Trabalho, nem para a realização das demais medidas de sua atribuição própria.

Art. 2º O inquérito civil poderá ser instaurado:

I – de ofício;

II – mediante requerimento ou representação formulada por qualquer pessoa ou comunicação de outro órgão do Ministério Público, ou qualquer autoridade, desde que forneça, por qualquer meio legalmente permitido, informações sobre o fato e seu provável autor, bem como a qualificação mínima que permita sua identificação e localização;

III – por designação do Procurador-Geral do Trabalho, do Conselho Superior do Ministério Público do Trabalho, Câmara de Coordenação e Revisão do Ministério Público do Trabalho e demais órgãos superiores da Instituição, nos casos cabíveis.

§ 1º O Ministério Público do Trabalho atuará, independentemente de provocação, em caso de conhecimento, por qualquer forma, de fatos que, em tese, constituam lesão aos interesses ou direitos mencionados no art. 1º desta Resolução, devendo cientificar o membro do Ministério Público que possua atribuição para tomar as providências respectivas, no caso de não a possuir.

§ 2º Em havendo mais de um Procurador com atribuição para atuar no caso, a representação deverá ser submetida a distribuição por sorteio.

§ 3º É admitida a atuação de grupo especial de trabalho para investigar casos cuja complexidade demandem atuações uniformes em diferentes áreas.

§ 4º No caso do inciso II, em sendo as informações verbais, o Ministério Público do Trabalho reduzirá a termo as declarações. Da mesma forma, a falta de formalidade não implica indeferimento do pedido de instauração de inquérito civil, salvo se, desde logo, mostrar-se improcedente a notícia, atendendo-se, na hipótese, ao disposto no art. 5º desta Resolução.

§ 5º Para preservação da integridade ou dos direitos do denunciante, o Ministério Público do Trabalho poderá decretar o sigilo de seus dados, que ficarão acautelados em Secretaria.

§ 6º O conhecimento por manifestação anônima não implicará ausência de providências, desde que obedecidos os mesmos requisitos para as representações em geral, constantes no art. 2º, inciso II, desta Resolução.

§ 7º O Ministério Público do Trabalho, de posse de informações previstas nos arts. 6º e 7º da Lei nº 7.347/1985 que possam autorizar a tutela dos interesses ou direitos mencionados no art. 1º desta Resolução, poderá complementá-las antes de instaurar o inquérito civil, visando apurar elementos para identificação dos investigados ou do objeto, instaurando procedimento preparatório.

§ 8º O procedimento preparatório deverá ser autuado com numeração seqüencial à do inquérito civil e registrado em sistema próprio, mantendo-se a numeração quando de eventual conversão.

§ 9º O procedimento preparatório deverá ser concluído no prazo de 90 (noventa) dias, prorrogável por igual prazo, uma única vez, em caso de motivo justificável.

§ 10º Vencido este prazo, o membro do Ministério Público do Trabalho promoverá seu arquivamento, ajuizará a respectiva ação civil pública ou o converterá em inquérito civil.

Art. 3º Caberá ao membro do Ministério Público do Trabalho investido da atribuição para propositura da ação civil pública a responsabilidade pela instauração de inquérito civil.

§ 1º Eventual conflito negativo ou positivo de atribuição será suscitado, fundamentadamente, nos próprios autos ou em petição dirigida à Câmara de Coordenação e Revisão do Ministério Público do Trabalho, que decidirá a questão no prazo de 30 (trinta) dias.

§ 2º O membro que suscitar o conflito, preliminarmente, determinará o retorno dos autos ao outro membro envolvido, com promoção fundamentada, a fim de verificar a possibilidade de reconsideração para a solução do conflito suscitado.

Capítulo II

Da Instauração do Inquérito Civil

Art. 4º O inquérito civil será instaurado por portaria, numerada em ordem crescente, renovada anualmente, devidamente registrada em livro próprio e autuada, contendo:

I – o fundamento legal que autoriza a ação do Ministério Público do Trabalho e a descrição do fato objeto do inquérito civil;

II – o nome e a qualificação possível da pessoa jurídica e/ou física a quem o fato é atribuído;

III – o nome e a qualificação possível do autor da representação, se for o caso;

IV – a data e o local da instauração e a determinação de diligências iniciais;

V – a designação do secretário, mediante termo de compromisso, quando couber;

VI – a determinação de afixação da portaria em quadro de aviso acessível ao público, bem como a de remessa de cópia para publicação.

Parágrafo único. Se, no curso do inquérito civil, novos fatos indicarem necessidade de investigação de objeto diverso do que estiver sendo investigado, o membro do Ministério Público do Trabalho poderá aditar a portaria inicial ou determinar a extração de peças para instauração de outro inquérito civil, respeitadas as normas incidentes quanto à divisão de atribuições.

Capítulo III

Do Indeferimento de Requerimento de Instauração do Inquérito Civil

Art. 5º O membro do Ministério Público do Trabalho, no prazo máximo de 30 (trinta) dias, indeferirá o pedido de instauração de inquérito civil, em decisão fundamentada, da qual se dará ciência pessoal, por via postal ou correio eletrônico, ao representante e ao representado, nos casos de:

a) evidência de os fatos narrados na representação não configurarem lesão aos interesses ou direitos mencionados no art. 1º desta Resolução;

b) o fato denunciado ter sido ou estiver sendo objeto de investigação ou de ação civil pública;

c) os fatos apresentados já se encontrarem solucionados; e

d) o denunciado não ser localizado.

§ 1º Do indeferimento caberá recurso administrativo, com as respectivas razões, no prazo de 10 (dez) dias.

§ 2º As razões de recurso serão protocoladas junto ao órgão que indeferiu o pedido, devendo ser remetidas, caso não haja reconsideração, no prazo de 3 (três) dias, juntamente com a representação e com a decisão impugnada, à Câmara de Coordenação e Revisão do Ministério Público do Trabalho para apreciação.

§ 3º Do recurso serão notificados os interessados para, querendo, oferecer contra-razões.

§ 4º Expirado o prazo do art. 5º, § 1º, desta Resolução, os autos serão arquivados na própria origem, registrando-se no sistema respectivo, mesmo sem manifestação do representante.

§ 5º No caso de o arquivamento ter ocorrido por já existir investigação ou ação em curso, a denúncia deverá ser juntada aos autos do procedimento pré-existente, para ciência do membro do Ministério Público do Trabalho com atribuição originária para o caso.

Capítulo IV

Da Instrução

Art. 6º A instrução do inquérito civil será presidida por membro do Ministério Público do Trabalho a quem for conferida essa atribuição, nos termos da lei.

§ 1º Para o esclarecimento do fato objeto de investigação, deverão ser colhidas todas as provas permitidas pelo ordenamento jurídico, com a juntada das peças em ordem cronológica de apresentação, devidamente numeradas em ordem crescente.

§ 2º Todas as diligências serão documentadas mediante termo ou auto circunstanciado.

§ 3º As declarações e os depoimentos sob compromisso serão tomados por termo pelo membro do Ministério Público do Trabalho, assinado pelos presentes ou, em caso de recusa, tal fato deverá constar em ata firmada pelo Procurador e pelo secretário de audiência.

§ 4º Qualquer pessoa poderá, durante a tramitação do inquérito civil, apresentar ao Ministério Público do Trabalho documentos ou subsídios para melhor apuração dos fatos.

§ 5º As unidades do Ministério Público do Trabalho, em suas respectivas atribuições, prestarão apoio administrativo e operacional para a realização dos atos do inquérito civil.

§ 6º O Ministério Público do Trabalho poderá deprecar diretamente a membro do Ministério Público a realização de diligências necessárias à investigação.

§ 7º O Procurador-Geral do Trabalho deve encaminhar ao Procurador-Geral da República ou outro órgão do Ministério Público a quem essa atribuição seja delegada, no prazo de 10 (dez) dias, os ofícios expedidos pelos membros do Ministério Público do Trabalho ao Presidente da República, Vice-Presidente da República, membro do Congresso Nacional, Ministro do Supremo Tribunal Federal, Ministro de Estado, Ministro de Tribunal Superior, Ministro do Tribunal de Contas da União ou chefe de missão diplomática de caráter permanente, não cabendo à chefia institucional a valoração do contido no ofício, podendo deixar de encaminhar aqueles que não contenham os requisitos legais ou não empreguem o tratamento protocolar devido ao destinatário.

§ 8º Todos os ofícios requisitórios de informações ao inquérito civil e ao procedimento preparatório deverão ser fundamentados e, no caso do primeiro, acompanhados de cópia da respectiva portaria de instauração.

Art. 7º Aplica-se ao inquérito civil o princípio da publicidade dos atos, com exceção das hipóteses de sigilo legal ou em que a publicidade possa acarretar prejuízo às investigações, casos em que a decretação do sigilo legal deverá ser motivada.

§ 1º Nos requerimentos que objetivam a obtenção de certidões ou extração de cópia de documentos constantes nos autos do inquérito civil, os interessados deverão fazer constar esclarecimentos relativos aos fins e razões do pedido, nos termos da Lei nº 9.051/1995.

§ 2º A publicidade consistirá:

I – na divulgação oficial, com o exclusivo fim de conhecimento público mediante publicação de extratos na imprensa oficial.

II – na divulgação em meios cibernéticos ou eletrônicos, dela devendo constar as portarias de instauração e extratos dos atos de conclusão;

III – na expedição de certidão e na extração de cópias sobre os fatos investigados, mediante requerimento fundamentado e por deferimento do presidente do inquérito civil;

IV – na prestação de informações ao público em geral, a critério do presidente do inquérito civil;

V – na concessão de vista dos autos, mediante requerimento fundamentado do interessado ou de seu procurador legalmente constituído e por deferimento total ou parcial do presidente do inquérito civil.

§ 3º Sem prejuízo da garantia de publicidade prevista nos incisos anteriores, não se admite carga dos autos do procedimento preparatório ou do inquérito civil.

§ 4º As despesas decorrentes da extração de cópias correrão por conta de quem as requereu.

§ 5º A restrição à publicidade deverá ser decretada em decisão motivada, para fins do interesse público, e poderá ser, conforme o caso, limitada a determinadas pessoas, provas, informações, dados, períodos ou fases, cessando quando extinta a causa que a motivou.

§ 6º Os documentos resguardados por sigilo legal deverão ser autuados em apenso e permanecer acautelados em secretaria.

Art. 8º Em cumprimento ao princípio da publicidade das investigações, o membro do Ministério Público do Trabalho poderá prestar informações, inclusive aos meios de comunicação social, a respeito das providências adotadas para apuração de fatos em tese ilícitos, abstendo-se, contudo, de externar ou antecipar juízos de valor a respeito de apurações ainda não concluídas.

Art. 9º O inquérito civil deverá ser concluído no prazo de um ano, a contar da publicação desta Resolução, prorrogável pelo mesmo prazo e quantas vezes forem necessárias, por decisão fundamentada de seu presidente, à vista da imprescindibilidade da realização ou conclusão de diligências, dando-se ciência da prorrogação à Câmara de Coordenação e Revisão do Ministério Público do Trabalho, inclusive por meio eletrônico.

Capítulo V

Do Arquivamento

Art. 10. Esgotadas todas as possibilidades de diligências, o membro do Ministério Público do Trabalho, caso se convença da inexistência de fundamento para a propositura de ação civil pública, promoverá, fundamentadamente, o arquivamento do inquérito civil ou do procedimento preparatório.

§ 1º Os autos do inquérito civil ou do procedimento preparatório, juntamente com a promoção de arquivamento, deverão ser remetidos à Câmara de Coordenação e Revisão do Ministério Público do Trabalho, no prazo de 3 (três) dias, contados da comprovação da efetiva cientificação pessoal dos interessados, por via postal ou correio eletrônico, ou da lavratura de termo a ser afixado em quadro de aviso no Ministério Público do Trabalho, quando não localizados os que devem ser cientificados.

§ 2º A promoção de arquivamento será submetida a exame e deliberação da Câmara de Coordenação e Revisão do Ministério Público do Trabalho, na forma do seu Regimento Interno.

§ 3º Até a sessão da Câmara de Coordenação e Revisão do Ministério Público do Trabalho, para que seja homologada ou rejeitada a promoção de arquivamento, poderão as pessoas co-legitimadas apresentar razões escritas ou documentos, que serão juntados aos autos do inquérito ou do procedimento preparatório.

§ 4º Deixando a Câmara de Coordenação e Revisão do Ministério Público do Trabalho de homologar a promoção de arquivamento, tomará uma das seguintes providências:

I – converterá o julgamento em diligência para a realização de atos imprescindíveis à sua decisão, especificando-os e remetendo ao órgão competente para designar o membro do Ministério Público do Trabalho que irá atuar;
II – deliberará pelo prosseguimento do inquérito civil ou do procedimento preparatório, indicando os fundamentos de fato e de direito de sua decisão, adotando as providências relativas à designação, em qualquer hipótese, de membro do Ministério Público do Trabalho para atuação.
§ 5º Será pública a sessão da Câmara de Coordenação e Revisão do Ministério Público do Trabalho, salvo no caso de haver sido decretado o sigilo.
Art. 11. Não oficiará nos autos do inquérito civil, do procedimento preparatório ou da ação civil pública o órgão responsável pela promoção de arquivamento não homologado pela Câmara de Coordenação e Revisão do Ministério Público do Trabalho.
Art. 12. O desarquivamento do inquérito civil, diante de novas provas ou para investigar fato novo relevante, poderá ocorrer no prazo máximo de 6 (seis) meses após o arquivamento. Transcorrido esse lapso, será instaurado novo inquérito civil, sem prejuízo das provas já colhidas.
Parágrafo único. O desarquivamento de inquérito civil para a investigação de fato novo, não sendo caso de ajuizamento de ação civil pública, implicará novo arquivamento e remessa à Câmara de Coordenação e Revisão do Ministério Público do Trabalho, na forma do art. 10 desta Resolução.
Art. 13. O disposto acerca do arquivamento de inquérito civil ou procedimento preparatório também se aplica à hipótese em que estiver sendo investigado mais de um fato lesivo e a ação civil pública proposta somente se relacionar a um ou a algum deles.

Capítulo VI
Do Ajuste de Conduta

Art. 14. O Ministério Público do Trabalho poderá firmar termo de ajuste de conduta, nos casos previstos em lei, com o responsável pela ameaça ou lesão aos interesses ou direitos mencionados no art. 1º desta Resolução, visando à reparação do dano, à adequação da conduta às exigências legais ou normativas e, ainda, à compensação e/ou à indenização pelos danos que não possam ser reparados.
§ 1º A aferição do cumprimento do termo de ajuste de conduta ocorrerá nos próprios autos do procedimento preparatório ou do inquérito civil.
§ 2º O Ministério Público do Trabalho, se for o caso, poderá deprecar a realização de diligências necessárias para a verificação do cumprimento do TAC, enviando as cópias necessárias à realização do ato requerido, as quais serão autuadas no destino como "carta precatória de acompanhamento de TAC".

Capítulo VII

Das Recomendações

Art. 15. O Ministério Público do Trabalho, nos autos do inquérito civil ou do procedimento preparatório, poderá expedir recomendações devidamente fundamentadas, visando à melhoria dos serviços públicos e de relevância pública, bem como aos demais interesses, direitos e bens cuja defesa lhe caiba promover.

Parágrafo único. É vedada a expedição de recomendação como medida substitutiva ao termo de ajuste de conduta ou à ação civil pública.

Capítulo VIII

Das Disposições Finais

Art. 16. Os prazos previstos nesta Resolução deverão ser contados a partir da sua publicação.

Art. 17. Esta Resolução entrará em vigor na data de sua publicação.

A instauração de inquérito civil, assim como de qualquer outro procedimento investigatório do Ministério Público, pode decorrer de denúncia anônima ou nominada, formulada por escrito na sede da Procuradoria, ou por telefone, fac-símile ou e-mail.

Entendemos ser perfeitamente admissível a instauração de inquérito civil com fundamento em denúncia anônima, não obstante o art. 5º, inciso IV, da CF/1988 proíba o anonimato na manifestação do pensamento.

Neste sentido, inclusive, o disposto no § 6º do art. 2º da Resolução nº 69/2007 do CSMPT, quando estabelece que o conhecimento por manifestação anônima não implicará ausência de providências, desde que obedecidos os mesmos requisitos para as representações em geral.

Isso porque cabe ao Ministério Público diligenciar a veracidade ou não dos fatos denunciados, com vistas ao exercício de suas funções institucionais, dentre as quais a defesa da ordem jurídica e dos interesses sociais e individuais indisponíveis.

Contudo, a instauração de inquérito civil a partir de denúncia anônima somente deve ocorrer quando juntamente com a notícia sejam veiculados informações, documentos e outros dados técnicos de onde possam ser extraídos fortes indícios da existência da lesão a interesses ou direitos a serem tutelados pelo *Parquet*.

Caso não seja a hipótese, a prudência e a cautela aconselham que o membro do Ministério Público proceda a diligências preliminares, em sede de procedimentos preparatórios, para que se certifique ao menos da existência de indícios que possam corroborar a veracidade dos fatos denunciados. Esta medida tem por fim prevenir a impetração de mandado de segurança por parte do inquirido, pretendendo o trancamento do inquérito civil, por ausência de justa causa.

Conforme se depreende dos §§ 8º ao 10 do art. 2º da Resolução nº 69/2007, o procedimento preparatório deverá ser autuado com numeração seqüencial à do inquérito civil e registrado em sistema próprio, mantendo-se a numeração quando de eventual conversão. Este deverá ser concluído no prazo de noventa dias, prorrogável por igual prazo, uma única vez, em caso de motivo justificável. Vencido este prazo, o membro do Ministério Público do Trabalho promoverá seu arquivamento, ajuizará a respectiva ação civil pública ou o converterá em inquérito civil.

Frise-se, contudo, que o Excelso Supremo Tribunal Federal, em diversas decisões, vem se posicionando pela impossibilidade de instauração de procedimentos investigatórios com fundamento em denúncia anônima. Neste sentido, a notícia abaixo:

> A Turma iniciou julgamento de *habeas corpus* em que se pretende o trancamento, por falta de justa causa, de notícia-crime, instaurada no STJ, por requisição do Ministério Público Federal, contra juiz estadual e dois desembargadores do Tribunal de Justiça do Estado de Tocantins, pela suposta prática do delito de tráfico de influência (CP, art. 332). Sustenta o impetrante que a atuação do *Parquet* se fez com base unicamente em denúncia anônima, o que violaria o inciso IV do art. 5º da CF ("IV – é livre a manifestação do pensamento, sendo vedado o anonimato;") e o disposto nos arts. 144 da Lei nº 8.112/1990 e 14, § 1º, da Lei nº 8.429/1992, no que versam sobre a inidoneidade da denúncia anônima para os fins quer de instauração de processo administrativo, quer de ação concernente à improbidade administrativa. **O Min. Marco Aurélio, relator, concedeu a ordem por entender que a instauração de procedimento criminal originada, unicamente, de documento apócrifo seria contrária à ordem jurídica constitucional, que veda expressamente o anonimato. Salientando a necessidade de se preservar a dignidade da pessoa humana, afirmou que o acolhimento da delação anônima permitiria a prática do denuncismo inescrupuloso, voltado a prejudicar desafetos, impossibilitando eventual indenização por danos morais ou materiais, o que ofenderia os princípios consagrados nos incisos V e X do art. 5º da CF. Ressaltou, ainda, a existência da Resolução nº 290/2004, que criou a Ouvidoria do STF, cujo inciso II do art. 4º impede o recebimento de reclamações, críticas ou denúncias anônimas.** Acompanhou o voto do relator o Min. Eros Grau. Após, pediu vista dos autos o Min. Carlos Britto. HC 84827/TO, Rel. Min. Marco Aurélio, 15/02/2005. (HC-84827)

Nestes termos, a Suprema Corte brasileira vem entendendo que a denúncia anônima favorece o denuncismo inescrupuloso, além de impossibilitar a postulação de indenização por danos morais e materiais, em ofensa aos incisos IV, V e X do art. 5º da Constituição da República.

É por essa razão que preconizamos constituir dever funcional da autoridade ministerial proceder com extrema cautela e discrição nas investigações preliminares, para se apurar a verossimilhança das informações recebidas.

Saliente-se, ainda, que o Conselho Superior do Ministério Público do Trabalho, apreciando a questão, uniformizou o entendimento no sentido de que o fato de a denúncia ser anônima não justifica o seu arquivamento liminar (Precedente nº 15 do CSMPT).

Este posicionamento se coaduna perfeitamente com a posição por nós adotada, valendo lembrar que na maior parte das vezes a denúncia anônima não é formulada para fins de atingir desafetos, ou com intuito de vingança, mas para evitar possíveis retaliações ao denunciante por parte do denunciado, notadamente no âmbito das relações laborais.

Além das denúncias anônimas ou nominadas, os procedimentos investigatórios podem ser instaurados a partir de ofícios ou outros expedientes encaminhados por autoridades judiciais ou administrativas, ou até mesmo de ofício, desde que o órgão ministerial tenha tido ciência de alguma suposta lesão a direitos metaindividuais a serem por ele tutelados.

Após a instauração do inquérito civil, segue-se a sua fase de instrução, onde o membro do *Parquet*, utilizando-se de suas prerrogativas institucionais, procederá efetivamente à coleta de elementos de convicção sobre a existência ou não das lesões denunciadas.

No tocante às prerrogativas dos membros do Ministério Público da União, assim dispõe o art. 8º da Lei Complementar nº 75/1993 (Lei Orgânica do Ministério Público da União):

> *Art. 8º Para o exercício de suas atribuições, o Ministério Público da União poderá, nos procedimentos de sua competência:*
>
> *I – notificar testemunhas e requisitar sua condução coercitiva, no caso de ausência injustificada;*
>
> *II – requisitar informações, exames, perícias e documentos de autoridades da Administração Pública direta ou indireta;*
>
> *III – requisitar da Administração Pública serviços temporários de seus servidores e meios materiais necessários para a realização de atividades específicas;*
>
> *IV – requisitar informações e documentos a entidades privadas;*
>
> *V – realizar inspeções e diligências investigatórias;*
>
> *VI – ter livre acesso a qualquer local público ou privado, respeitadas as normas constitucionais pertinentes à inviolabilidade do domicílio;*
>
> *VII – expedir notificações e intimações necessárias aos procedimentos e inquéritos que instaurar;*
>
> *VIII – ter acesso incondicional a qualquer banco de dados de caráter público ou relativo a serviço de relevância pública;*
>
> *IX – requisitar o auxílio de força policial.*

Por sua vez, o art. 26 da Lei nº 8.625/1993 (Lei Orgânica Nacional do Ministério Público) assegura as seguintes prerrogativas aos membros dos Ministérios Públicos Estaduais:

> *Art. 26. No exercício de suas funções, o Ministério Público poderá:*
> *I – instaurar inquéritos civis e outras medidas e procedimentos administrativos pertinentes e, para instruí-los:*
> *a) expedir notificações para colher depoimento ou esclarecimentos e, em caso de não comparecimento injustificado, requisitar condução coercitiva, inclusive pela Polícia Civil ou Militar, ressalvadas as prerrogativas previstas em lei;*
> *b) requisitar informações, exames periciais e documentos de autoridades federais, estaduais e municipais, bem como dos órgãos e entidades da administração direta, indireta ou fundacional, de qualquer dos Poderes da União, dos Estados, do Distrito Federal e dos Municípios;*
> *c) promover inspeções e diligências investigatórias junto às autoridades, órgãos e entidades a que se refere a alínea anterior;*
> *II – requisitar informações e documentos a entidades privadas, para instruir procedimentos ou processo em que oficie;*
> *III – requisitar à autoridade competente a instauração de sindicância ou procedimento administrativo cabível;*
> *IV – requisitar diligências investigatórias e a instauração de inquérito policial e de inquérito policial militar, observado o disposto no art. 129, inciso VIII, da Constituição Federal, podendo acompanhá-los;*
> *V – praticar atos administrativos executórios, de caráter preparatório;*
> *VI – dar publicidade dos procedimentos administrativos não disciplinares que instaurar e das medidas adotadas;*
> *VII – sugerir ao Poder competente a edição de normas e a alteração da legislação em vigor, bem como a adoção de medidas propostas, destinadas à prevenção e controle da criminalidade;*
> *VIII – manifestar-se em qualquer fase dos processos, acolhendo solicitação do juiz, da parte ou por sua iniciativa, quando entender existente interesse em causa que justifique a intervenção.*

A fase instrutória do inquérito civil se esgota quando o órgão ministerial já possuir elementos de convicção suficientes à formação de seu convencimento acerca da materialidade e autoria da lesão denunciada.

É na fase de conclusão do inquérito que, por meio de relatório circunstanciado (de arquivamento, de encerramento por força da firmatura de Termo de Compromisso de Ajustamento de Conduta ou de ajuizamento de ação civil pública ou coletiva), o membro do Ministério Público explanará todos os acontecimentos ocorridos no bojo do procedimento, concluindo pela existência ou não da lesão noticiada e, se for o caso, noticiando as medidas administrativas e/ou judiciais a serem tomadas.

5. A Inoponibilidade do Sigilo das Informações

O art. 8º, § 2º, da Lei nº 7.347/1985 dispõe que somente nos casos em que a lei impuser sigilo poderá ser negada certidão ou informação requisitada pelo Ministério Público, hipótese em que a ação poderá ser proposta desacompanhada daqueles documentos, cabendo ao juiz requisitá-los.

Segundo o referido dispositivo legal seria vedado ao membro do *Parquet* o acesso a informações ou dados de natureza sigilosa, os quais somente poderiam ser fornecidos mediante requisição judicial formulada no processo instaurado com o ajuizamento da respectiva ação civil pública.

Com o advento da Lei nº 8.069/1990 (Estatuto da Criança e do Adolescente) é que, diante da inteligência do art. 201, § 4º, assegurou-se ao Ministério Público o acesso direto às informações sigilosas, tornando-o, porém, responsável pelo seu uso indevido.

Os arts. 8º, § 2º, da Lei Complementar nº 75/1993 e 26, § 2º, da Lei nº 8.625/1993 também passaram a assegurar o acesso imediato do membro do Ministério Público a informações de natureza sigilosa, imputando-lhe responsabilidade em caso de seu uso indevido, nos seguintes termos, respectivamente:

> ***Nenhuma autoridade poderá opor ao Ministério Público, sob qualquer pretexto, à exceção de sigilo****, sem prejuízo da subsistência do caráter sigiloso da informação, do registro, do dado ou do documento que lhe seja fornecido* (grifo nosso).
>
> *"O membro do Ministério Público será responsável pelo uso indevido das informações e documentos que requisitar,* ***inclusive nas hipóteses legais de sigilo*** (grifo nosso).

Dessa forma, é vedada a oponibilidade, sob qualquer pretexto, da exceção de sigilo das informações e dados requisitados pelo Ministério Público no bojo de seus procedimentos investigatórios, notadamente o inquérito civil.

A única exceção provém de norma constitucional, prevista no inciso XII do art. 5º da Constituição da República, que somente admite a quebra do sigilo das comunicações telefônicas por ordem judicial, para fins de investigação criminal ou instrução processual penal.

No mais, não haveria a possibilidade de oposição da exceção de sigilo às informações requisitadas pelo *Parquet*. Dizemos não haveria, porque, infelizmente, não é assim que se vem posicionando a jurisprudência de nossos Tribunais, inclusive do E. Supremo Tribunal Federal, no tocante à quebra dos sigilos bancário, fiscal e eleitoral.

Tem havido resistência na doutrina e na jurisprudência acerca do acesso imediato do membro do Ministério Público a informações bancárias, eleitorais e fiscais. São freqüentes decisões que entendam somente ser cabível a exibição de documentos bancários, eleitorais e fiscais em inquérito civil, se houver requisição ao Poder Judiciário.

Não são raras as referências às disposições contidas na Resolução nº 13.582/1987 do Tribunal Superior Eleitoral e no art. 38, § 1º e §§ 3º ao 5º, da Lei nº 4.595/1964 (Lei de Reforma Bancária), as quais se referem à quebra do sigilo das informações sob requisição judicial e do Poder Legislativo.

Também vem se negando o acesso direto do Ministério Público a informações bancárias com o fundamento de que o art. 192 da CF/1988 impõe que o Sistema Financeiro Nacional seja regulado por lei complementar.

Ao que não se atenta, todavia, é que o disposto no art. 8º, § 2º, da Lei Complementar nº 75/1993, cuja edição foi posterior às disposições legais e regulamentares acima citadas, não faz ressalva à inoponibilidade da exceção de sigilo ao Ministério Público, somente sendo cabível aquela de ordem constitucional, concernente às escutas telefônicas.

Frise-se que a Lei Complementar nº 105, de 10 de janeiro de 2001, ao dispor sobre o sigilo das operações de instituições financeiras, não contempla entendimento diverso, senão vejamos.

A referida legislação complementar não exige textualmente a prévia autorização do Poder Judiciário para prestação de informações e o fornecimento de documentos sigilosos requisitados em sede de inquérito civil, mas apenas quando solicitados por comissão de inquérito administrativo destinada a apurar responsabilidade de servidor público por infração praticada no exercício de suas atribuições, ou que tenha relação com as atribuições do cargo em que se encontre investido (art. 3º, § 1º).

Como se não bastasse, o art. 9º da supracitada lei dispõe que, quando, no exercício de suas atribuições, o Banco Central do Brasil e a Comissão de Valores Mobiliários verificarem a ocorrência de crime definido em lei como de ação pública, ou indícios da prática de tais crimes, informarão ao Ministério Público, juntando à comunicação os documentos necessários à apuração ou comprovação dos fatos.

Assim sendo, se a própria lei autoriza a remessa dos referidos documentos e informações sigilosas ao Ministério Público, uma vez apurada a ocorrência de ilícito legalmente previsto como de ação pública, não há razão para que se obste a requisição direta por parte do Órgão Ministerial, com vistas a subsidiar a investigação que deve preceder ao ajuizamento dessas ações públicas.

Da mesma forma, o disposto no art. 9º, § 2º, também vem corroborar a tese acima esposada, quando estabelece que o Banco Central do Brasil e a Comissão de

Valores Mobiliários comunicarão aos órgãos públicos competentes as irregularidades e os ilícitos administrativos de que tenham conhecimento, ou indícios de sua prática, anexando os documentos pertinentes.

No entanto, quando se trate de investigações ministeriais que digam respeito ao destino dado a verbas públicas, o Supremo Tribunal Federal tem admitido que o Ministério Público requisite diretamente informações às instituições financeiras ou bancárias com base no poder de requisição ministerial (art. 8º, § 2º, da Lei Complementar nº 75/1993) e na publicidade dos atos governamentais, em razão da origem pública de parte do dinheiro envolvido nas operações.

Nesse sentido, respectivamente, o Informativo nº 8, de 2 a 6 de outubro de 1995, do E. Supremo Tribunal Federal, *in verbis*:

> "Dando continuidade ao julgamento do mandado de segurança impetrado pelo Banco do Brasil contra requisição de informações sobre empréstimos concedidos a usineiros formulada pelo Procurador-Geral da República com base no art. 8º, § 2º, da LC 75/1993, o Tribunal entendeu ser inoponível, na espécie, a exceção de sigilo bancário pela instituição financeira, tendo em vista a origem pública de parte do dinheiro envolvido nas questionadas operações – origem, essa, revelada pela diligência para cuja realização fora suspenso o julgamento na sessão de 30/08/1995 – e o princípio da publicidade inscrito no art. 37, *caput*, da CF. Com esse fundamento, indeferiu-se a ordem" (MS 21.729-DF, Rel. orig. Min. Marco Aurélio; Rel. p/ ac. Min. Francisco Rezek, 05/10/1995).

6. O Princípio da Publicidade no Inquérito Civil

Assim como ocorre com relação a todos os órgãos e entidades da Administração Pública, o princípio da publicidade deve, via de regra, reger a atuação do membro do Ministério Público no inquérito civil.

Em suma, o inquérito civil está sujeito ao princípio da publicidade, que informa todos os atos da Administração Pública, sendo a imposição do sigilo uma exceção a esta regra.

Corroborando esta assertiva, a disposição contida no art. 7º da Resolução nº 69/2007 do CSMPT, quando estabelece ser aplicável ao inquérito civil o princípio da publicidade dos atos, com exceção das hipóteses de sigilo legal ou em que a publicidade possa acarretar prejuízo às investigações, casos em que a decretação do sigilo legal deverá ser motivada.

Há casos em que se torna necessária a manutenção do sigilo das informações contidas no inquérito civil, em face da conveniência do próprio interesse público ou do resguardo da privacidade do indivíduo.

O sigilo compreende tanto a obrigação de mantê-lo (dever do detentor da informação), como também o direito de vê-lo respeitado (direito do seu beneficiário).

Algumas hipóteses autorizadoras da imposição do sigilo do inquérito civil costumam ser enumeradas pela doutrina, dentre elas: quando da publicidade puder advir prejuízo à apuração dos fatos; se dentro dos autos do inquérito civil existirem dados ou informações sigilosas a que o Ministério Público teve acesso e se da publicidade de uma audiência ou ato praticado no inquérito civil puder resultar escândalo, inconveniente grave ou perturbação da ordem.

O sigilo pode ser imposto por conveniência da própria investigação, por motivo de interesse público ou em razão do respeito à imagem ou à privacidade das pessoas envolvidas.

Para decidir sobre se impõe ou não o sigilo, o membro do Ministério Público deverá ater-se aos princípios da razoabilidade e da necessidade, em efetiva aplicação da ponderação de interesses, com vistas à harmonização entre os princípios da publicidade e do direito ao acesso à informação e o do respeito à intimidade, à imagem e à vida privada.

De acordo com o disposto no § 5º do art. 7º da Resolução nº 69/2007 do CSMPT, a restrição à publicidade deverá ser decretada em decisão motivada, para fins do interesse público, e poderá ser, conforme o caso, limitada a determinadas pessoas, provas, informações, dados, períodos ou fases, cessando quando extinta a causa que a motivou.

Frise-se, por oportuno, que o membro do Ministério Público será civil e criminalmente responsável pelo uso indevido das informações e documentos que requisitar, notadamente aqueles de natureza sigilosa (arts. 8º, § 1º, da Lei Complementar nº 75/1993 e 26, § 2º, da Lei nº 8.625/1993).

7. Controle de Arquivamento

O controle de arquivamento do inquérito civil e de outras peças de informações, no âmbito do Ministério Público do Trabalho, sempre observou as diretrizes traçadas no art. 9º da Lei nº 7.347/1985, *in litteris*:

> *Art. 9º Se o órgão do Ministério Público, esgotadas todas as diligências, se convencer da inexistência de fundamento para a propositura da ação civil, promoverá o arquivamento dos autos do inquérito civil ou das peças informativas, fazendo-o fundamentadamente.*
>
> *§ 1º Os autos do inquérito civil ou das peças de informação arquivadas serão remetidos, sob pena de se incorrer em falta grave, no prazo de 3 (três) dias, ao Conselho Superior do Ministério Público.*

§ 2º Até que, em sessão do Conselho Superior do Ministério Público, seja homologada ou rejeitada a promoção de arquivamento, poderão as associações legitimadas apresentar razões escritas ou documentos, que serão juntados aos autos do inquérito ou anexados às peças de informação.

§ 3º A promoção de arquivamento será submetida a exame e deliberação do Conselho Superior do Ministério Público, conforme dispuser o seu Regimento.

§ 4º Deixando o Conselho Superior de homologar a promoção de arquivamento, designará, desde logo, outro órgão do Ministério Público para o ajuizamento da ação.

Em suma, cabia ao Conselho Superior do Ministério Público do Trabalho este controle interno de arquivamento, embora essa função não estivesse arrolada expressamente no art. 98 da Lei Complementar nº 75/1993 (Lei Orgânica do Ministério Público da União), que disciplina a sua competência.

No entanto, a Resolução nº 69/2007 do CSMPT, quando disciplina o controle de arquivamento do inquérito civil e do procedimento preparatório, dispõe, no § 1º de seu art. 10:

§ 1º Os autos do inquérito civil ou do procedimento preparatório, juntamente com a promoção de arquivamento, deverão ser remetidos à ***Câmara de Coordenação e Revisão do Ministério Público do Trabalho****, no prazo de três dias, contados da comprovação da efetiva cientificação pessoal dos interessados, por via postal ou correio eletrônico, ou da lavratura de termo a ser afixado em quadro de aviso no Ministério Público do Trabalho, quando não localizados os que devem ser cientificados* (grifo nosso).

Constata-se, dessa forma, que esse controle de arquivamento passou a ser feito pela Câmara de Coordenação e Revisão do Ministério Público do Trabalho, e não mais pelo Conselho Superior.

Preceitua o art. 99 da Lei Complementar nº 75/1993 que a Câmara de Coordenação e Revisão do Ministério Público do Trabalho é um órgão de coordenação, de integração e de revisão do exercício funcional na Instituição.

A promoção de arquivamento será submetida a exame e deliberação da Câmara de Coordenação e Revisão do Ministério Público do Trabalho, na forma do seu Regimento Interno (art. 10, § 2º, da Resolução nº 69/2007 do CSMPT).

Até a sessão da Câmara de Coordenação e Revisão do Ministério Público do Trabalho, para que seja homologada ou rejeitada a promoção de arquivamento, poderão as pessoas co-legitimadas apresentar razões escritas ou documentos, que serão juntados aos autos do inquérito ou do procedimento preparatório (art. 10, § 3º, da Resolução nº 69/2007 do CSMPT).

De acordo com o § 4º do art. 10 da Resolução nº 69/2007 do CSMPT, deixando a Câmara de Coordenação e Revisão do Ministério Público do Trabalho de homologar a promoção de arquivamento, tomará uma das seguintes providências:

I – converterá o julgamento em diligência para a realização de atos imprescindíveis à sua decisão, especificando-os e remetendo ao órgão competente para designar o membro do Ministério Público do Trabalho que irá atuar;

II – deliberará pelo prosseguimento do inquérito civil ou do procedimento preparatório, indicando os fundamentos de fato e de direito de sua decisão, adotando as providências relativas à designação, em qualquer hipótese, de membro do Ministério Público do Trabalho para atuação.

Cabe salientar que o membro do Ministério Público que for designado não agirá por atribuições próprias, mas por delegação do próprio colegiado, não podendo, dessa forma, invocar a independência funcional para se furtar às diligências que lhe forem determinadas.

Se, ao contrário, após findadas todas as diligências investigatórias, o *Parquet* concluir pela materialidade e autoria de lesão a direitos metaindividuais, facultar-se-á ao inquirido a firmatura de Termo de Compromisso de Ajustamento de Conduta, que possui a natureza de título executivo extrajudicial (art. 5º, § 6º, da Lei nº 7.347/1985), sob pena de não restar outra alternativa senão a de ajuizar a respectiva ação civil pública ou coletiva.

Ressalte-se, por fim, que estas duas últimas hipóteses também implicarão o encerramento do inquérito civil, por meio de relatório circunstanciado, com exposição de todos os fatos relevantes ocorridos no bojo do inquérito civil, e culminando com a firmatura do Termo de Compromisso de Ajustamento de Conduta ou com o ajuizamento da ação civil pública ou coletiva.

Consoante a disposição prevista no art. 14 da Resolução nº 69/2007 do CSMPT, o Ministério Público do Trabalho poderá firmar termo de ajuste de conduta, nos casos previstos em lei, com o responsável pela ameaça ou lesão aos interesses ou direitos mencionados no art. 1º da referida Resolução, visando à reparação do dano, à adequação da conduta às exigências legais ou normativas e, ainda, à compensação e/ou à indenização pelos danos que não possam ser reparados.

8. Valor Probatório no Processo Judicial

Conforme anteriormente exposto no item 3 deste tema, quando tratamos do conceito e da natureza jurídica do inquérito civil, este se trata de procedimento administrativo, de caráter inquisitorial, que tem por escopo a formação do convencimento do membro do Ministério Público sobre a ocorrência de lesão ou ameaça de lesão a direitos metaindividuais.

É instrumento de investigação exclusivo do Ministério Público (art. 8º, § 1º, da Lei nº 7.347/1985), não obstante a legitimidade concorrente e disjuntiva para ajuizamento da ação civil pública (art. 5º da Lei nº 7.347/1985).

Quanto à terminologia a ser adotada, como já referido, não há falar em "inquérito civil público", mas somente em "inquérito civil", posto não existir a figura do "inquérito civil privado".

Extrai-se da própria definição de inquérito civil que este não é processo, mas procedimento administrativo. Isso se explica pelo simples fato de que, em sede de inquérito civil, não há acusação (inexiste a posição de "acusado" ou "réu", mas de mero "investigado" ou "inquirido"), não se aplicam penalidades ou sanções e não se decidem interesses.

A finalidade do inquérito civil é a coleta de elementos ou informações, com vistas à formação do convencimento do órgão ministerial acerca da eventual propositura de ação civil pública ou coletiva.

Por consistir em mero procedimento administrativo, o inquérito civil possui natureza inquisitorial, ou seja, não se submete aos princípios da ampla defesa e do contraditório, previstos no inciso LV do art. 5º da Constituição da República.

Preceitua o referido dispositivo constitucional ser assegurado aos litigantes, em processo judicial ou administrativo, e aos acusados em geral, o contraditório e a ampla defesa, com os meios e recursos a ela inerentes.

Não possuindo o inquérito civil a natureza de processo judicial, e tampouco de processo administrativo, não há falar em ofensa ao contraditório e à ampla defesa durante a sua fase instrutória.

Se não há réu ou acusado, cominação de sanções e prolação de decisão sobre conflito de interesses, não subsiste a idéia de apresentação de defesa por parte do inquirido.

Reprise-se que o objetivo precípuo do inquérito civil é a formação do convencimento do membro do Ministério Público sobre a existência ou não de lesão a direitos ou interesses metaindividuais e, se for o caso, a propositura da ação civil pública.

É claro que sempre que for possível, desde que não acarrete efetivo prejuízo ao andamento da investigação, deve ser assegurada ao investigado a apresentação de esclarecimentos sobre os fatos denunciados, para que o órgão ministerial possa, em cotejo com as informações e documentos constantes nos autos do inquérito, firmar posição sobre a materialidade e autoria da lesão noticiada.

Diante deste caráter inquisitório do inquérito civil, não se submetendo aos princípios do contraditório e da ampla defesa, surge a seguinte indagação: qual o valor probatório da prova indiciária?

Ainda que não se possa atribuir um valor absoluto às provas colhidas em sede de inquérito civil, para fins de instrução processual, o órgão jurisdicional deve lhe atribuir um valor relativo, podendo se utilizar dos elementos de convicção contidos no referido procedimento investigatório como fonte subsidiária à formação de seu livre convencimento acerca da controvérsia.

Isso porque se trata de investigação de natureza pública e de caráter oficial, presidida por agente público, no exercício de verdadeiro múnus público. Ademais, o Ministério Público foi alçado constitucionalmente a instituição permanente, essencial à função jurisdicional, a quem cabe a defesa da ordem jurídica, do regime democrático e dos interesses sociais e individuais indisponíveis (CF/1988, art. 127).

Neste mesmo sentido, as preciosas lições do ilustre Hugo Nigro Mazzilli, *in O inquérito civil*, 2. ed., São Paulo: Saraiva, 2000, p. 61, *verbis*:

> O valor do inquérito civil como prova em juízo decorre de ser uma investigação pública e de caráter oficial. Quando regularmente realizado, o que nele se apurar tem validade e eficácia em juízo, como as perícias e inquirições. Ainda que sirva essencialmente o inquérito civil para preparar a propositura da ação civil pública, as informações nele contidas podem concorrer para formar ou reforçar a convicção do juiz, desde que não colidam com provas de maior hierarquia, como aquelas colhidas sob as garantias do contraditório.

É cediço que se as provas colhidas no inquérito civil forem infirmadas em juízo estas devem ser renovadas no processo judicial, sob a égide dos princípios do contraditório e da ampla defesa (CF/1988, art. 5º, LV). No entanto, em não havendo qualquer impugnação formal formulada pelo réu, caberá ao juiz, em cotejo com os demais elementos fático-probatórios constantes dos autos, atribuir o adequado valor à prova indiciária, a fim de subsidiar a decisão a ser prolatada.

Da mesma forma que não se deve atribuir valor probatório absoluto a esses elementos colhidos no inquérito civil, não se pode desprezar o valor, ainda que relativo, dessas peças e informações, adotando-se o entendimento deveras restritivo de que somente as provas produzidas na instrução processual devem ser valoradas.

Registre-se, por certo, que as provas colhidas durante a fase instrutória do processo judicial, em virtude de se submeterem aos princípios do contraditório e da ampla defesa, tendem a ocupar hierarquia superior àquelas produzidas no inquérito civil, preponderando estas últimas na hipótese de efetiva colisão.

Todavia, repise-se que essa aparente prevalência probatória não pode, nem deve, servir de fundamento hábil à recusa de qualquer valor de prova àqueles elementos de convicção obtidos por órgão constitucional, dotado de independência funcional, a quem foi incumbido a tutela dos interesses e/ou direitos metaindividuais.

BIBLIOGRAFIA

BARBOSA, RUI. *A Constituição e os Atos Institucionais*, 2. ed., Rio de Janeiro, s/d.

BARROS, Alice Monteiro de. *Curso de Direito do Trabalho*, 2. ed. São Paulo: LTr, 2006.

BONAVIDES, Paulo. *Curso de Direito Constitucional*, 12. ed. São Paulo: Malheiros, 2002.

BRITO FILHO, José Cláudio Monteiro de. *Trabalho Decente*: Análise jurídica da exploração do trabalho – Trabalho forçado e outras formas de trabalho indigno, São Paulo: LTr, 2004.

CARVALHO, Augusto César Leite de. *Direito individual do trabalho*, Rio de Janeiro: Forense, 2004.

CARVALHO FILHO, José dos Santos. *Ação Civil Pública*, 3. ed. Rio de Janeiro: Lumen Juris, 2001.

DELGADO, Mauricio Godinho. *Curso de Direito do Trabalho*, 5. ed. São Paulo: LTr, 2006.

GARCIA, Gustavo Filipe Barbosa. *Curso de Direito do Trabalho*, São Paulo: Método, 2007.

GIORDANI, José Acir Lessa. *A responsabilidade civil objetiva genérica no Código Civil de 2002*, Rio de Janeiro: Lumen Juris, 2004.

LEITE, Carlos Henrique Bezerra. *Ministério Público do Trabalho*, 3. ed. São Paulo: LTr, 2006.

MAZZILLI, Hugo Nigro. *O inquérito civil*, 2. ed., São Paulo: Saraiva, 2000.

MELLO, Celso Antônio Bandeira de. *Curso de Direito Administrativo*, 24. ed., São Paulo: Malheiros, 2007.

MELO, Luís Antônio Camargo de (Co-autor). *Ação coletiva na visão dos juízes e procuradores do trabalho*. Tema: "Ação Coletiva no Combate ao Trabalho Escravo". São Paulo: LTr, 2006.

________________. Trabalho Escravo. *Revista do Ministério Público do Trabalho* n. 26. Edição Especial. Tema: "Premissas para um Eficaz Combate ao Trabalho Escravo". São Paulo: LTr, 2003.

MIRANDA, Jorge. *Manual de Direito Constitucional*, v. IV, Direitos Fundamentais. Coimbra: Coimbra Editora, 1988.

MORAES, Alexandre de. *Direito Constitucional*, 17. ed., São Paulo: Atlas, 2005.

OLIVEIRA, Sebastião Geraldo de. *Proteção jurídica à saúde do trabalhador*, 4. ed., São Paulo: LTr, 2004.

PAMPLONA FILHO, Rodolfo. *Temas atuais* – Direito Civil e Direito do Trabalho, 2. ed., Contagem: Leiditathi, 2005.

PLÁ RODRIGUES, Américo. *Princípios de Direito do Trabalho*, São Paulo: LTr, 1978.

VIEIRA, Nei Messias. Prescrição da pretensão de indenização por danos materiais e morais decorrentes de acidente do trabalho. Quebrando os Dogmas Prescricionais na Justiça do Trabalho, *Revista do Ministério Público do Trabalho* n. 34, São Paulo: LTr, 2007.

VILLELA, Fábio Goulart. A Sucessão Trabalhista e a Nova Lei de Recuperação Judicial – Uma Visão Principiológica. Revista *O Trabalho*, Editora Decisório Trabalhista, Curitiba, junho 2007 – Doutrina Encarte.

__________________. Inquérito Civil – Conceito e Natureza Jurídica – Considerações Gerais, Revista *O Trabalho*, Editora Decisório Trabalhista, Curitiba, maio 2007 – Suplemento Especial.

__________________. Inquérito Civil: O Valor Probatório no Processo Judicial, *Jornal do Commercio – Direito & Justiça*, 10/04/2007.

__________________. Responsabilidade Civil do Empregador no Acidente de Trabalho, *Revista LTr*, São Paulo, julho 2006.

Este livro foi impresso nas oficinas gráficas da Editora Vozes Ltda.,
Rua Frei Luís, 100 – Petrópolis, RJ,
com papel fornecido pelo editor.